凡人が天才に勝つ方法

自分の中の
「眠れる才能」を見つけ、
劇的に伸ばす45の黄金ルール

つんく♂

東洋経済新報社

まえがき

僕は「天才」じゃない。だからこそ、突破口がある

こんにちは。つんく♂です。

作詞・作曲を中心に、音楽やエンタメ全般のプロデューサーをやっています。

僕はこれまで、モーニング娘。をはじめとするヴォーカルユニットや数々のアーティストのプロデュースを務め、たくさんの作品を生み出してきました。

喉の病気をしたので、いまでは歌えませんが、現在は**日々の作品づくりと、次世代のスターやクリエイターの応援に注力**しています。

ＪＡＳＲＡＣ（日本音楽著作権協会）に登録された僕の楽曲数は、**２０００曲**を超えて

います。手前味噌になりますが、「歴代作曲家シングル総売上ランキング」（オリコン調べ）でも、5位にランクイン。これまでの数々のヒットや、プロデュースの成功などから**「つんく♂は天才」**などと言われることもあります。

人間誰しも「君は天才だ！」なんて言われるとうれしいものです。

僕もいまだにネットの書き込みなどで「つんく♂って天才！」なんてあるのを見ると、うれしくてキュンとなることがあります。

でも、「本当のところどうだろう？」と思うのです。

残念ながら、僕は「天才」じゃなかった

►歴代作曲家シングル総売上ランキングTOP5

順位	アーティスト	累積売上枚数（単位：万枚）
1	筒美京平	7,560.3
2	小室哲哉	7,186.8
3	織田哲郎	4,180.7
4	桑田佳祐	3,903.2
5	つんく	3,873.4

集計期間：1968/1/4付〜2023/6/19付現在（2023/6/11（日）までの集計分）
（出所）オリコン調べ（oricon.co.jp）

結論から言うと、僕は「天才」ではありません。

よくインタビューや対談で、「どんなときに曲がひらめくんですか？」と聞かれます。

世の天才たちがどんなときにひらめくのかはわかりませんが、僕の場合は「ひらめき」ません。「自然に降ってくる」こともありません。

「ひらめく」のを待つのではなく、とにかく「つくり出す」、もしくは**「絞り出す」「塗り重ねる」「削り出す」**というような感覚で、曲をつくってきました。

天才なら、いきなり「1000点！」みたいな作品が頭の中に降ってくるのかもしれませんが、僕は自分自身にそんな期待はしていません。

自分は天才ではない。

「凡人」だからこそ、そこに突破口がある。

そう考えて、これまで常に**分析**と**実践**を繰り返してきました。

「自分は『天才』でなく『プロ』なんだ」

凡人の僕でも、時に120点、平均92点以上はキープすることができます。

なぜなら、僕が**「プロ」だから**です。

さらに、その仕事を**世間にいつも100点と思ってもらえるように工夫して、備えているから**です。

僕はいつの日からか、**「自分は『天才』でなく『プロ』なんだ」**と自覚するようになりました。

そこから、物事が上手に進んでいくようになったと思います。

「凡人」だからこそ「天才」を凌駕する可能性がある

悲しいかな、僕を含め多くの人たちは、「天才」ではありません。**天才はひと握りしかいない**からです。

でも、**「凡人」だからこそ、「天才」を凌駕する可能性をもっている**とも言えるのです。

その**可能性の「芽」**は、**誰の中にもあります**。

本書では、僕がこれまで体験してきた、**「才能」という「芽」を伸ばし、「天才」を超えるための方法**を紹介します。

本書の構成を簡単に述べておくと、序章では**僕なりの「天才論」「凡人論」**みたいなものを紹介します。ステップ①〜⑤までを読むと**「自分はやっぱり凡人かあ……、と思ったら、じつは天才だったのか！」**と思えるはずです。

第1章では、**誰にでもできる、自分の中の才能の見出し方**を書きました。

第2章では、**みなさんの能力を引っ張り出すためのコツ**を書いています。

この章では、僕の考える**「令和の10大能力」「伸びしろのある人の条件」**も紹介しています。

第3章では、**「天才」「プロ」「アマチュア」の法則**を紹介します。

僕をはじめ、多くの人がそうあるべきである**『プロ』とはなんぞや？」**みたいなものがよくわかると思います。

第4章では、**大勢の中からプロとして成功するヒント**を述べ、第5章では、**仕事のク**

オリティを上げるためのコツをたくさん紹介します。

第6章では、プロデューサーとしての僕が、**人生に必要な「プロデュース力」の磨き方、**最後の第7章では、**個性を磨いて、昨日の自分より輝ける方法**をお伝えします。

では、早速読んでみてください！

［目次］

凡人が天才に勝つ方法

自分の中の「眠れる才能」を見つけ、劇的に伸ばす45の黄金ルール

序章 誰の中にも「天才力」はある

まずは「5つのステップ」で、自分の才能を目覚めさせる！

凡人が天才に勝つためのステップ①

ルール1

「自分は天才じゃない」ことを認める

ルール5

凡人が天才に勝つためのステップ⑤

第1章 自分の中の「才能」を見つけよう

「自分は天才じゃない」、だからこそできることがある！
――天才じゃない人間がヒットを生む「8つのコツ」

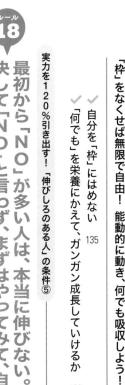

第3章 「天才」に勝てるのは、「プロ」である

世の中で本当に重宝されるのは「プロの仕事ができる人」である「天才」「プロ」「アマチュア」の法則

第7章 自分の可能性を広げるために「とにかく今日からできること」教えます！

誰でも実現できる！「キラキラの人生」の手に入れ方

序章

誰の中にも「天才力」はある

まずは「5つのステップ」で、自分の才能を目覚めさせる!

ルール1

「自分は天才じゃない」ことを認める

世の中は、ほんのひと握りの「天才」とその他大勢の「凡人」でできていることを知る

前述したように、僕は「天才」ではありません。

それでも数多くのヒットを飛ばし、プロデューサーとしても結果を残すことができました。

それはなぜか。

自分が「天才」じゃないことに気づけたからです。

自分を「天才」だと思い込もうとしていた、売れない時代の僕

多くの人は、自分に対して「期待過剰」なんだと思います。

「自分ならもっとやれるのに」

「自分にはもっと才能があるのに」

そう考えがちです。

僕もそうだったから、すごくよくわかるのです。


ここで、僕が調子に乗って自分の能力を過信していたころのことを紹介します。

①アマチュア時代
大阪でバンドを始めたアマチュア時代。

まだ学生で、チラシづくりから集客、宣伝まですべて自分たちでやっていました。

そのうえ学業にアルバイトにライブにライブの稽古と、忙しさにかまけて、思え

ば**年間3～4曲しかつくっていませんでした。**

そのくせ、雑誌に出ている新人バンドやテレビで見かける新人アイドルの曲を聴いては、悔しい気持ちを抱えていました。

「俺もこれくらいの曲、真剣にやったら、いつでも書けるわ！」と愚痴ってみたり、**世間を批判**したりしていました。

②名ばかりのプロ時代

大阪で人気バンドになり、なんとかプロデビューできましたが、**売れない時期が続きました。**

それでも、曲がりなりにもプロですから、レコーディングでは**録音のプロ**がいて、コンサートでは**プロの舞台監督**がいて、**完成したＣＤをプロモーションするプロ**がいて……全部、誰かがやってくれました。

宣伝から集客まですべて自分たちでやっていたアマチュア時代と違い、自分の時間を１００％使って「売れる曲をつくればいい」という恵まれた状況にもかかわらず、それに気づきませんでした。

そうやってつくれた曲は、**ボツを含めてたかだか年間20～30曲。**採用されるのは

4、5曲程度だったように思います。ディレクターやプロデューサーに「これじゃあ、シングルにできないね」「やっぱり才能ないんじゃないか」なんて言われて、**「あの程度のスタッフに俺の才能をあやつる能力はないね」**などと愚痴ったり、塞ぎ込んだりするだけ。

そして「お金が足りない〜」「楽器や機材が揃わない〜」「ちゃんとしたスタジオで曲つくらせてくれ〜」「宣伝が下手だから売れない！」「暇や〜」「腹減った〜」「無理〜」「こんなんじゃ、ひらめかない〜」と、**人や環境のせい**にしていました。

他人や環境のせいにするのは、できない人の言い訳

でも、振り返って思います。

音楽をつくるのに、環境なんて何でもいいんです。

高価な楽器ならいい曲ができるわけではないし、立派なスタジオだから急にテクニックが上がるわけでもありません。

大切なのは「時間」と「やる気」です。

思えば、アマチュア時代の年間作曲数3〜4曲とか、デビュー後の売れない時代の年間作曲数20〜30曲なんて、**単純に甘かった！　頑張っているうちに入りません。**

逆にいえば、**たったこれだけの作曲数で、自分に才能があるとかないとか、悩まなくてもよかったん**です。

「他人や環境のせいにするのは、できない人の言い訳」だったと、いまだからわかります。

でも、そういうことに気がつくのに、ずいぶん時間がかかりました。

当時は、**「自分はものすごい才能のある、選ばれた人間」だと思いたかった**からです。

「俺には、神様から与えられた才能があるはず」

「曲は降ってくる。整った環境の中で曲をつくっていたら、神様がチャンスを与えてくれる」

こんなふざけたことを考えていました。

これが売れない時代の僕の話です。

夢を見ることと「自分が天才だ」と思い込むこととは、まったく違う

「自分は天才なんかじゃなく、凡人である」と認めること。

このころの僕に足りなかったものは、まさにそれでした。

夢を見るのも、大きな目標をもつのも素晴らしいことです。その夢を誰かに笑われてもいいんです。

でも、**夢を見ることと「自分が天才だ」と思い込むこととは、まったく違う**と思うのです。

僕が何をお伝えしたいかというと、**「自分は天才でも何でもなく、平均的な能力しかないんだということを、まず知る**（**認める**）こと。そして、それをわかったうえで、**自分の能力を高めていくことが大事」**ということです。

当たり前かもしれませんが、それが**「努力」**なんです。

「努力」という言葉を使うと、忍耐や我慢、嫌なことでも続けるというようなニュアンスを感じますが、**実際はただ好きなことをやりつづけるだけ。**だから、本来は難しいことではないはずなんです。ただ、ここでは誰もが理解しやすいように「努力」という言葉をあえて使っておくことにしましょう。あとに詳しく説明したいと思います。

Point

- **まずは「自分は凡人だ」ということを認める**
- **そのうえで、自分の能力を高めていくのが「努力」である**

「天才」と「凡人」の違いはいったい何か

ここで、僕なりの**「天才とはなんぞや」**を定義しておこうと思います。

「天才」とは、金儲けや名誉を度外視して、「やりたいこと」をひたすらやれる人だと思います。

借金しようが、どんな格好だろうが、なりふり構わず、とにかく**「これがやりたい」を貫ける人**。もしくは、**頭の中に突然、何かが降って湧いてくるような人**。

それが天才なんだと思います。

そんな天才たちは、仕事の進行状況や日々の生活環境、家族のことより先に、自分のやりたいことや創作活動に没頭して生きていける人だと思うんです。

正直、うらやましいし、憧れます。


僕は、もちろん違います。

バンドを始めたのも、**「売れたい！」「目立ちたい！」「褒められたい！」**といった動機からでした。

凡人の中にも才能がある人はいるが……

そして、この本を読んでいるみなさんの多くも、凡人のはずです。

なぜなら、**本物の天才は、ほんのひと握りの存在**だからです。

もちろん、**凡人の中にも（プロアマ問わず）、才能がある人はたくさんいます。**

1回聴いたらメロディを覚えてしまう人、頭にある記憶だけで複雑な絵を描ける人、お店で食べた料理を自分で再現してサッとつくれてしまう人。これらの人はみな、**「特殊な才能」がある人たち**です。

こういう人たちが少し努力したら、ただの凡人は敵いません。いわゆる**「秀才」**と言われるような人でしょうか。

音楽業界にもゴロゴロいて、そういう才能に遭遇するたびに、僕はいつも悔しい気持ちになります。

ただ、才能のある彼らも、「天才」とは違います。**あくまでも「凡人の中の優れた人たち」**なのです。

では、**いたって普通の凡人である僕たちが結果を残すには、どうすればいいのでしょうか。**

このことを、僕はこれまで、ずっと考えてきました。

ルール2

凡人の勝機は「好き」をとことん追求すること

「得意」と「好き」を間違えないことがポイント

凡人の僕なりに、**「凡人にとって大事なこと」**を考えました。

それは**「好き」を追求する**こと。

天才じゃなくても、人は「好きなこと」をする権利をもっています。

人間、**好きなことなら、嫌がらずに続けられます。情熱をもって取り組めます。夢中になれます。**

僕も音楽が大好きだったから、イヤイヤつらい努力をしたという記憶はありません。

「最高の餃子職人になれるのは……」理論

ここで大事なのは**「得意なこと」と「好きなこと」は違う**ということです。

たとえば、実家が中華料理屋で、「僕、餃子つくるの得意です！」という人がいたとします。

最初はほかの人に比べて有利ですから、餃子づくりもトントントンと進むでしょう。

でも、いくら得意でも、餃子をつくるのが好きでなければ、途中で飽きて嫌になってきます。「俺、何をやっているんだろう」って。

一方、「僕、餃子をつくるのが好きです！」という人は、最初は下手の横好きかもしれませんが、続けることができます。研究しながら、ああだこうだと毎日毎日チャレンジします。

そして、**最終的には「得意な人」より「好きな人」が結果を出し、年月が経つほどその差が開いていきます。**

これが**「得意」と「好き」の大きな違い**です。

結論は、**「好きこそものの上手なれ」**です。

「好きなこと」で自分の能力を伸ばすのは、「嫌いなこと」で能力を伸ばすより、はるかに効率的なのです。

好きなことなら、「迷わない」「不安にならない」「流されない」

仕事でも勉強でも趣味でも、中途半端な気持ちのまま、親や先生に「こういう経験もしておかなければダメだ！」なんて言われて、流されてやっていると、隣で楽しそうなお祭りみたいなことが始まったとき、そちらに行きたくなりますよね。

それは**「迷い」がある**からです。

また、時に「自分は間違っているんじゃないか」と思って不安になったりもします。

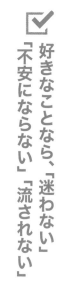

でも、**「好き」を主軸に生きていると、迷いがなくなります。**

みんながあちらを向いたら、流行りを追いかけたくなって、同じ方向に走り出してしまうのが人間の心理。とくに**日本人は「人と違うこと」をしていると不安になる国民性**みたいです。

何が正しいのか、自分はどうすべきか、何から始めるべきか……。

迷っているうちに「面倒くさい」と感じ、考えること自体をやめてしまうこともあるんじゃないかなと思います。

そんなとき、大切にしてほしいのが**「好きだ」「楽しい」という気持ち。**

重要なのは、**本人がどれくらいノッているか。**

何をするにも、あなた自身が**「これをやりたい！」「いま楽しい！」**と思えることに、勝るものはありません。

そういう思いがあれば、人が何をしようが、何が流行っていようが気にならないし、流されることはありません。

Point

- **天才でなくとも、人は「好きなこと」をする権利をもっている**
- **「好きなこと」なら他人が面倒と思うことも、嫌なことも疲れることも、続けることができる。ストレスがないから、うまくなる**

凡人が天才に勝つための5つのステップ③

ルール3

生まれもった素質や「親ガチャ論」を乗り越える

みんなスタート地点が違うからこそ、あとからごぼう抜きするチャンスがある

少し前に、**「〇〇ガチャ」**という言葉が話題になりました。

「親ガチャ」「会社ガチャ」「配属ガチャ」「上司ガチャ」……。

これは昔から世界中に存在する、格差社会を意味する言葉なんでしょう。

とくによく耳にしたのは「親ガチャ」という言葉ですが、それがありなら「国ガチャ」、それも超えて「時代ガチャ」という話にも発展しそうです。

何にせよ、**人間生まれてくるときに、その条件を選べない**ってことです。

僕自身もそうでしたが、思春期くらいのころ、「なんでこんな顔なんだろう」「もっと

身長が高ければよかったのに」「家が金持ちだったらな～」と考えてしまったこと、ないですか？

要するに、**何でも親や環境のせいにしてしまう**感じ。

「ルックス」も「体格」も「成績」も「運動能力」も、自分の親を見て、**自分の限界を知ってしまう感覚**です。

出来のいい友人やテレビタレントや有名スポーツ選手を見て、**「あいつはいいよな～」「俺ばっかり損だよな～」**みたいに思ってしまう。挙句の果てには、**「誰も産んでくれなんて頼んでない！」「生まれてこなければよかった」**などとスネた発言をしてしまう……。

よくわかります。

たしかに、**親によって子どもの未来がある程度、左右されるのも事実**でしょう。

世の中は不条理、不公平だらけ。でも、それが人生

芸能界には、2世のタレントが存在します。政治家さんも2世、3世が当たり前と言われます。

でも、**親がどんなに有名人やすごい人であっても、全員が全員その才能を引き継ぐわ**

けではないんです。

おそらく、その環境の中で適応能力のある人が階段を上っていくわけです。そういう場合は、普通に成功した人よりは目立つでしょう。

それが「親ガチャ」というやつであれば、やっぱり世の中は不条理だらけで、不公平かもしれません。

100メートルの徒競走で、スタート位置が50メートルくらい違う感じ。

悲しいです。切ないです。

でも、それが人生なのです。

スタート地点は違っても、あとからごぼう抜きできる

それを踏まえて、それでもどうやって勝っていくか。目立っていくか。

ここがポイントです。

出発地点は違っていても、**人生は100メートル走じゃなく、どちらかといえばマラソンに近いもの**です。

凡人の僕らは、多少スタート地点やペースの違いがあったとしても、ほぼひとかたまりで走っている団子状態。

人よりちょっと頑張れば、そこから抜け出すことは可能です。


人生はマラソン。

だからこそ、**スタート地点は違っても、あとからごぼう抜きできる**可能性があります。

大逆転、大どんでん返し。

それが、僕ら「凡人」の面白いところじゃないでしょうか。


世間では「努力すれば報われる」「頑張ればきっと成功する」「誰でも変われる」「夢は叶う」というような言葉や歌詞をよく耳にします。実際に、僕もこういったフレーズを歌詞に入れ込むことがあります。

ですが、人生なんてそう簡単に報われるものではないのも事実ですよね。

それでも、僕はこの本で、

「努力すれば必ず成長する」ということ、

「頑張りはいつか報われる」ということを、断言したいと思います。

Point

世の中のほとんどは凡人。だからこそ、誰でも集団から抜け出してごぼう抜きできる可能性がある

ルール 4

凡人が天才に勝つためのステップ④

「根拠のない自信」を行動力につなげる

凡人が天才に勝つためには、「行動」あるのみ

では、凡人が「その他大勢の凡人軍団」をごぼう抜きするには、どうすればいいのでしょうか。

僕が大事だと思うのは**「根拠なき自信」**です。
少し前に「自分は天才だ」と思い込んで失敗した僕自身の例を紹介しました。
だからといって、**「自分は凡人だから何もできない」と考えてはいけません。**
時には**凡人なりの「思い込み」**が必要なのです。

どんなにツッパっても、ファンは少ないし、技術もなかった

アマチュア時代の僕らは、「自分たちはほかと違う、俺たちには才能がある」と思い込んでいました。**何の根拠もなく**、です。

その結果、「俺らの才能を見抜けない人ばかりだな」と愚痴ったり、「すごいプロデューサーがいきなり現れて『お前には才能がある。東京に来い！』みたいなことが起こる！」とアホな妄想をしたりしていました。

実際は、楽器やバンド練習もそこそこの、どこにでもいるような**「凡バンドマン」**だったんです。

いま思えば、そんなヤツらが突然売れるわけがありません。

僕らがどんなにツッパっても、全国的に見ればファンも少ないし、技術もない。ライブハウスにも、テクニックあり系のバンドマンにも、見下されていました。

「動員力を上げること」を最優先しようと決めた——「一発逆転」を空想しない

「どうすれば、この状況を打破できるのか」

大阪でのアマチュア時代に僕らが考え抜いてたどり着いた答えは、**「バンド活動は結局、ビジネスだよね」**ということ。

「僕らレベルのバンドでも、ファンがたくさんいて、ライブハウスの動員力があれば、誰も文句は言わんだろう！」と開き直ったんです。

そこからはとにかく**「動員力を上げること」を最優先しよう**と決めました。「大阪のアマチュア界でいちばんの動員力を目指すこと」を目標にしました。

そして**「動員力が大阪でいちばんになるまで、コンテストやオーディションは受けないことにしよう」**と決めたんです。

そうしないと、どこかで「一発逆転」を考えて努力しなくなるからです。

「人気がなくても、コンテストで上位に入ってレコード会社から声がかかって即デビュー！」みたいな、甘いことを夢見てしまうからです。

「凡バンドマン」が「大阪一の動員力」を目指すためにした努力

そこで実行したのが、次のようなことです。

どこにでもいるようなバンドがやった「売れるため」の努力

①バンドの宣伝チラシを自分たちでデザインして配りまくる（いまで言う「SNSでの告知」）
②曲だけでなく「人となり」をわかってもらうために、ラジオのような「トーク」も録音したカセットテープも無料配布する（いまで言う「YouTubeチャンネル」）
③チラシやテープを配るときは、「声かけ」をして興味をもってもらう（数メートル先で捨てられないように）

このように、**天才が絶対にやらないようなことを地道にやる**しかありませんでした。

「③声かけ」について補足すると、**チラシを配る場所と相手を選ぶことで、結果が変わる**ことに気づいたんです。

当時の僕らは、毎月1万枚のチラシを刷っていました。

ちゃんとした町の印刷屋さんに依頼していたので、毎月数万円の費用がかかります。貧乏学生だった僕らにとっては死活問題でした。

チラシを配るなら、大阪なら梅田や難波、天王寺といった、人が多く、ターゲット層である女子中高生たちがうじゃうじゃいる繁華街が王道でしょう。

ただやってみると、チラシを受け取ってもらえても、ライブの動員にまったくつながらなかったんです。

感覚的に、1000枚配っても次のライブ動員につながるのは0・1%程度。いやもっと低いでしょう。ひとりでも来てくれたら御の字でした。

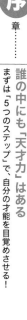

つまり、たんに人通りの多い**繁華街でチラシを配りまくっても、実際のファンにはなってもらえなかった。直接動員にはつながらなかった**というわけです。

音楽に興味がない人にいくらチラシを配っても、効果はゼロに等しいということを知ったのです。

「何をすればいいのか」を必死で考え、試行錯誤した結果……

効果があったのは、ライブ会場や楽屋の入り口付近に集まる、ほかのバンド目当てのファンたちへの「声かけ」です。

つまり、どうせ声をかけるなら**「音楽、とくにバンドのライブに興味がある人」にしようと的を絞った**のです。

無差別に1万人にチラシを撒くよりも、音楽に興味のある人が集まるライブハウスの前で100人にチラシを配ったほうが、リターンが多くあることに気づいたわけです。

100枚配って1〜3人くらいですが、**はっきりとした手応え**を感じました。

そして、ライブ会場まわりの「声かけ」を含めたチラシ配りにシフトチェンジしたところ、だんだんライブの動員数も増えていきました。

「凡バンドマン」なりに、**「何をすればいいのか」を必死で考え、試行錯誤した結果、効率よく結果につながる方法にたどり着いた**のです。

ライブ動員のための声かけは、ぶっちゃけ大変だった

この「声かけ」。慣れているような顔をして「バンドやっています」「ライブに来てね～」「テープ配ってま～す」などと話しかけるのですが、いつも胃がキリキリしていました。

いきなり声をかけるので、当然「うるさい」「キモい」「話しかけるな」とか言われます。

なんとか会話ができたとしても「兄ちゃんら、全然カッコよくないやん」「なんか衣装ダサ」「私の好きなジャンルちゃうわ」「キモいから消えて～」なんて、ど直球な言葉を受けることもしょっちゅうで、正直キツかった～。

それでもへこたれず、ガンガン声をかけながらチラシを配りまくりました。繁華街でチラシを配るより、はっきりとした反応を感じられたからです。

「天才」や「テクニックのあるバンドマンたち」には到底敵わなかった僕らが重要視したのは、**「いつかこの才能を見出してもらえるだろう」と受け身の夢をもつよりも、目の前の課題（このときでいえば、動員力をつけること）に真っ直ぐ取り組むこと**だったのです。

実績を積み上げると、「根拠のない自信」が「本当の自信」になっていく

でも、自信がなければ、チラシを配りつづけたり、いきなり声をかけたりするなんてできませんよね。

僕らも「俺たち、ほんまはすごいんやで！」という自信があったからできたんです。**課題に取り組むための行動力を生むには、「根拠のない自信」がとても大事**なんです。

そしてこのとき、**実績（動員数など）を積み上げていくことが「本当の自信」となっていく**ことを知りました。

こうして動員力をつけた僕らは、大阪のアマチュア界において、知名度も上がり、ラ

イブハウスからも一目置かれる存在になりました。

きっと、演奏の**実力でいえば僕らと同じくらい、いや、それ以上のバンドはいくらでもいた**でしょう。

彼らが僕らと同じことをしていたら……。きっと当時の僕らくらいのポジションにはさっさと上れていたのではないかとも言えます。

行動すれば、チャンスは誰にでもあるのです。

Point

- 先（プロとしての成功）に進みたいのであれば、他人が「面倒だなぁ～」と思うことをグイグイ進める
- 「受け身の夢」をもつよりも、「目の前の課題」に真っ直ぐ取り組む
- 「根拠のない自信」も、「些細な実績」を積み上げることによって、「本当の自信」に進化していく
- 行動すれば、チャンスは誰にでもある！

ルール5

くじけそうになったら、「3歳のころの無限の夢」を思い出す

人間、じつは誰しも「元・天才」だった

☑「嘘」でした！ 僕もあなたも「天才」でした！

天才はほんのひと握りの人。そう書きました。
そして、僕自身も「天才ではない、凡人だ」と断言しました。
でも、じつは嘘でした。**僕は「天才」でした。**お許しください。
そして、**みなさんも「天才」なのです。**

ただ、僕らが天才だったのは、はるか昔。

思い描いてみてください。

たとえば2〜3歳の子どもたちを10人くらい集めて、画用紙とクレヨンを渡します。

机を使って描いてもいいし、寝そべって描いてもいいし、しゃがんで描いてもいい。

自由に描いてもらいます。

「さあ、お絵描きの時間です！　みんな、なんでも好きなものを描いてね。でき上がったら見せてね！」

そうやって始まったお絵描きの時間。

ものの2〜3分もすれば、「できた！」という子も、「もっと描く〜」という子も出てくるでしょう。それぞれですが、このあたりから天才が続出するのです。

どういうことだと思いますか？

彼らにとって、渡されたクレヨンも画用紙も遊びの道具にすぎません。

画用紙があるからそこに絵を描くというのは、大人の概念です。画用紙の中で絵を仕上げようとする子もいるでしょうが、**画用紙からはみ出して机や床に絵を描く子が出てくるのも当然です**ね。そして、誰かが楽しそうに床に絵を描いてるのを見たら、それに反応して、今度は壁に絵を描き出す子もいるでしょう。
いやぁ～素晴らしいですね！ みんな天才です。
しばらくすると、今度はクレヨンの投げ合い合戦も始まることでしょうね。
服に落書きする子や、手や顔に落書きする子も出てくるでしょう。
クレヨンで遊ぶのに飽きて、次のことを始める子もいるでしょう。
昼寝をする子もいるでしょう。
お腹が減る子もいるでしょう。

どうです？ この天才たちの行動の数々。
お絵描きの時間に、与えられた道具を使って、時間内に決まったところに絵を描き仕上げるというのは、すべて凡人の思考です。

天才には、そんな都合のいいルールなどないのです。
やりたくなったからやる。やりたくなくなったらやらない。
思い浮かばないものは描かない。描きたいものを描きたいところに描く。
これが天才の思考です。

いつの間にかやってしまう「天才潰し」

でも、残念なことに彼らのような天才たちも、いつの間にか画用紙の中に絵を描くようになります。時間内に仕上げることもできるようになってしまいます。

それはなぜでしょうか。

おそらくきっと成長の過程でさんざん、

机に描いてはダメ、

床や壁に描いてはダメ、

クレヨンは投げてはダメ、

手や顔に描いてはダメ、

などと言われるからです。

僕らの時代はそうでした。何度も何度もやらかしては、何度も何度も叱られたものです。

最近なら、きっとこうでしょう。

画用紙の中に描けたら、「すごいすごい！　えらいえらい！」と褒められます。

1日遊んで服を汚さずにいると、「わ〜えらい。汚さなかったね〜」と褒められます。

子どもが何人か集まっても騒がずに座っていられると、「今日はえらかったね〜。黙って座っていられたものね〜」と、また褒められます。


どうですか？

知らない間にやっちゃっていますよね、この**天才潰し**を。

でも、それが生きていくということなのでしょう。

たとえばこの日本の社会において、誰もがいつの間にか、学校教育、家庭教育、生活環境の中で、いろいろなルールを覚えて生きていく方法を学び、凡人（常識人）となっていく。

これが僕の言う、**「人間誰もが『元・天才』で、いつの間にか『普通（凡人）』になる説」**ってやつです。

なので、決して一部の人間だけが生まれもっての天才だったという話ではなく、ほぼすべての人が天才だったと考えることができるわけです。

では、違う角度からも、もう少し見てみましょう。

子どものころの夢には「そんなの無理だよね」という制限がない

みなさんの**子どものころの夢**は何でしたか？

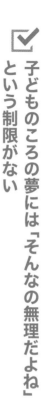

芸能人、社長、大統領、仮面ライダー、超有名シェフ、画家、科学者、スーパーモデル、お姫様……。あるいは、自分は本当は魔法使いや超能力者じゃないかと考えたこと、なかったですか？

「夢を頭に思い浮かべること」はとても大事だなと僕は思うんです。

とくに、子どものころの夢や想像は、限界がありません。

幼い子どもの「仮面ライダーになりたい！」「鳥になりたい！」という思いには、**天才的な無限の発想力**があると思っています。

成長するにつれ、『名探偵コナン』や『ドラえもん』からいろいろと論理的な情報を得

るようになると、

「こうすればスケートボードで空、飛べるんちゃうんか？」

「こうすればタイムマシーンができるんじゃないか？」

などと、さらにすごい想像を膨らませるアホみたいな天才と、

「いやいや、そんなの現実には無理だよね」

という普通の賢い子に分かれます。

で、結局は前者も小学校5～6年生にもなると、

「いやいや、そんなの現実には無理だよね」

と結局、**ほとんどの「元・天才たち」も「普通の賢者」になりがち**です。

成長するにつれて、「雲に乗りたい」という夢は「水蒸気の集まりだから無理」と知ったり、「タイムマシーンは理論上、絶対につくれない」ってことを理解したりして、想像を止めてしまうんです。

いつの間にか閉ざされてきた、僕らの「無限の可能性」

でも、子どものころに考えていたことって、じつはめちゃくちゃ大事なんです。

それはなぜか。**現実を度外視して、自分の「夢」を素直にチョイスできた**からです。
これはまさしく**天才の発想**です。

僕も6歳ぐらいのころ、**「芸能人になって、テレビの中の世界に入りたい」**と思ったのを覚えています。

小学校高学年になると、テレビドラマで活躍する医者や弁護士という職業にも憧れましたが、自分が京都大学や大阪大学に入れるようなレベルでないこともわかっていました。というのも、僕は普通の公立の中学校に通っていましたが、その学校にひとり、全国模試でも上位に入るような先輩がいて、とても有名でした。英才教育を受けられるような超お金持ちの家に生まれたわけでもなく、普段はごく普通の先輩でしたが、こういう人が灘高校やラ・サール高校に入学し、京大や東大に行くんだろうなと思った記憶があります。

きっとその先輩は、勉強することが本当に好きだったのかもしれませんね。あのレベルにたどり着くには、何をどう詰め込んでも僕には絶対無理だろうと思ったわけです。

そんな僕も、高校受験の時期には、**幼いころに憧れた数々の夢たちは「ぼんやりした夢」に変換され、具体的なものではなくなっていきました。**

それは**大人からの「刷り込み」**も大きかったなと思うんです。
「お前には無理だよ」「現実はそうじゃないよ」と。

「自分が生きてきた世界」しか知らない大人が多い

子どものころの夢を叶えられなかった人、もしくは、夢が夢でなくなっていった人は、**大人からの「やめなさい」「真面目に生きなさい」という言葉の積み重ねで、いつの間にか、夢がしょんぼりしていった**のではないかと思うんです。

ただ、そう言ってしまう大人が悪いわけじゃないんです。なぜなら、彼らは**「自分が生きてきた世界」しか知らない**からです。

進路相談会で一度は絶たれた、芸能界への夢

子どものころから漠然と芸能界を「いいなぁ」と思ってはいたものの、具体的にはどうしたらいいかわからなかった僕。中学校時代の進路相談会

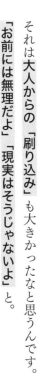

で、「芸能界に入るにはどうしたらいいですか？」と質問したんです。

するど、先生に「アホなことを言ってないで、英単語のひとつでも覚えろ。あんなもんで成功できるなんて、ホンマに才能のあるひとかけらの人間だけや」と言われてしまいました。

夢を言葉にしたのに、大人からお説教され、だんだん夢を口にしなくなっていく感覚……。みなさんにもきっと、経験があると思います。

でも、結果的に、僕は芸能界に入ることができました。

先生の言う「ひとかけら」に入ったのかどうかはわかりませんが、少なくとも30年くらいはこの世界で食べていけています。


進路相談会で、僕に「芸能界は無理」と答えた先生は、芸能界のことを知らなかったと思います。僕に才能があるかないか見抜こうと考える余地もなかったのでしょう。**何も知らないがゆえに、イメージだけで「やめとけ」「コツコツ英単語覚えろ」と言うしかなかったん**だと思います。

逆に僕だって、モーニング娘。のメンバーが「ハリウッド女優を目指すんで、辞めたいです」って言ってきたら、「無理だからやめとけよ！　日本にいたほうが稼げるよ」って返事をしてしまうと思うんです。なぜなら僕はハリウッドの芸能界のことを、まったく知らないからです。

「成功を実現するためのカギ」は、子どものころの「天才力」——いまのあなたは「3〜4歳のころの夢の延長線上」にあるか

大人になっても思い返して大事にしてほしいのは、**子どものころの「興味」と「好奇心」**です。

3〜4歳のころって、「いや、きっと無理だよ」「できるわけないよ」なんて考えない、無限の可能性を信じられる時期。

迷ったら、そのころの気持ちを、ぜひ思い出してほしいと思うんです。

大人になったあなたが成功に近づくためには、経験を積み、数をこなし、自分のレベルを上げていくことが必要となるわけです。

そして、**「成功を実現するためのカギ」**となるのは何か——。

それは、**誰しもがもっていたはずの、子どものころの「天才力」**です。

奇をてらうとか、人に逆らうとか、そんなチープな発想ではありません。

無謀でもいいから、子どものころの真っ直ぐ素直な気持ちから生まれた**「ああなりたい！」「こうしたい！」「あれがほしい！」という発想を大事にしてほしい**んです。

そのとき、過去にあなたのまわりにいた大人のように「できるわけがない」「やめておいたほうがいい」と、**自分のイマジネーションにブレーキをかけるようなことは、絶対にやめてほしい**のです。

まだあなたの中にも、夢は眠っているはず

きっと、まだあなたの中にも、**夢は眠っている**はずです。

大人になったいまでも、その夢が時折、心の扉をノックしているのに、気がつかないフリをしているのです。

テレビを観ていたり、友人とご飯を食べていたりするとき、あるいは散歩の途中に思いつくようなアホらしいアイデアや企画は、ないでしょうか？

「こんなグッズがあったら便利じゃない？」

「あそこまで、どこでもドアで行けたら、めっちゃラクなのに」

「こんなときにアンパンマンが来てくれたらなあ」

などなど、子どものころは「はあ、無理だった」と気がついて終わりますが、大人は違います。

どうしたら夢が叶うのか「考える力」や**「行動する勇気」**をもっています。

繰り返し、自分の中の「天才力」を育ててあげる

一見幼稚かもしれないこの**「天才力」を、閉じ込めずにじわじわ発酵させてあげてほしいんです。**

大人になって、子どものころより知識や経験を身につけたあなたが、**自分から出たこの「天才力」を増幅させ、上手にトレースし、形にしてあげてほしい**と思います。

そして一度や二度ではなく、**繰り返し自分の中の「天才力」を育ててあげてください。**

あなたが「仮面ライダー」になれる日が、本当に来るかもしれません。

大学生の僕にも、子どもの心が残っていたからこそ、真剣に「バンドでプロになるん

や！」「日本一になるんや！」と思えたんです。
冷静に考えたら、かなりアホですけどね（笑）。

Point

- **子どものころの夢や憧れは無限。「きっと無理」「できるわけない」という制限がからない**
- **子どものころの夢や憧れは、大人になったあなただから実現できる**

さて、ここまでが、**みなさんの才能を伸ばすためのベース**になるお話でした。
まとめると、大切なのは、次のようなことです。

この章のまとめ

- ☑ 自分が凡人だと認める
- ☑ 自分が好きなことを続ける
- ☑ 人と比べて落ち込まない

☑ 行動を起こす

☑ 子どものころの夢を忘れない

次章からは、**みなさんの才能を開かせるための、具体的なノウハウ**についてお話をしていきましょう。

第1章

自分の中の「才能」を見つけよう

「自分は天才じゃない」、だからこそできることがある！

——天才じゃない人間がヒットを生む「8つのコツ」

ルール6

「当たって砕ける」精神で、とにかく「数」をこなす！

確率が1％でも、1000本打てば10本当たる

前章でお伝えしたように、まずは「いまの自分に『天才的能力』がある」という希望は捨てましょう。

「才能がない」のとは違います。

いったん、「なんとなくすごいこと（ふんわりした抽象的な理想）」という妄想は捨て、具体的にあなたの才能を伸ばす思考や行動をしていくのです。

☑ 天才じゃなくても、「凡人集団の先頭」には立てる

1億人いれば、「本物の天才」はきっと10人くらい。「天才」に近い「突き抜けた才能をもつ人」が100人くらい。続いて、「なんだかすごい人」が1000人いたとして、残りの9999万8890人は「ただの凡人」です。

「ただの凡人」は、結局どんぐりの背比べ。

だからこそ、**ほんのちょっと人と違う角度からものを考えて、継続するだけで、ごぼう抜きできてしまいます。**

「自分は天才じゃないけど、『凡人集団の先頭』には立てる」

そう思って、僕はこれまでやってきました。一時は、だいぶ前のほうにいたこともあったなぁ……なんてね。

「凡人の先頭集団」に入るためには、**常に「新しい挑戦」をして、人とは違う角度で世の中を見つづけなければいけません。**

本章では、そういう**「天才じゃない人間が成功するコツ」**を解説していきます。

「凡人が成功するための2大要素」は、次の2つです。

凡人が成功するための2大要素

①「当たって砕ける」精神で、とにかく「数」をこなす
②「好き」の「データ化」で、自分らしさを磨く

早速、解説していきましょう。

数をこなせば、いつかは当たる！

天才じゃない人間が成功に近づくコツは、いたってシンプル。

とにかく数をこなすことです。

確率が1％なら、10本打ったのではヒットは望めません。

でも、1000本打てば、10本は当たる計算になります（でも、多くの人は10本、20本であきらめてしまうのです）。

なぜ数をこなすのが大切か。
それは**「下手な鉄砲も数撃ちゃ当たる」**からです。

そして、これが大切。

「その下手な鉄砲も、そのうち（数をこなしているうちに）**うまくなる」**という点です。

確率がたった1％でも、ヒットが出れば**「なぜ今回は打てたのか」が、経験値として残ります。**

自分なりに経験値を分析して、少しずつ行動を変えていけば、どんどん打率は上がっていきます。1％が2％に、2％が5％に……と、**試行回数が増えるほど、平均レベルが高くなる**わけです。

ヒットを打つコツもつかんで、**自信もついていきます。**

僕が年間100曲以上リリースできたわけ

僕がいちばん作品をたくさんつくっていたころは、だいたい年間100～130曲くらいリリースしていました。

ボツ曲も含めれば、気が遠くなる数を制作していたわけです。

そんな生活を、15年以上続けていました。

大量の曲をつくるには、当然、勉強もしなければなりません。自分の知識や経験だけでは、年間100以上も違う作品をつくれないからです。

最近のヒット曲、過去のヒット曲、米英のヒットチャートをチェックし、ワールドミュージックも聴いて研究しました。

自分がそれまで培ってきた経験に、たくさんの知識や情報を加えて、分析したわけです。

インプットもアウトプットも、とにかく量（数）です。

これは音楽に限りません。たとえばSNSで自分のコメントや動画をバズらせたかったら、**とにかく何度も何度も試してみるのが重要**だと思います。

どんどんアウトプットすれば、「新しいアイデア」がまた浮かぶ

数をこなすときに大切なのは、**「あれ？　これ前にもやったかも」って思わない**こと。

なぜなら、**似ているようでも違う**からです。

僕はこれまで2000曲以上つくってきましたが、4小節と丸かぶりしたことは10曲もないと思います。

もちろん作曲のクセはあるし、譜割りがかぶることはあるし、人が聴いたら似ているものもあるかもしれませんが、不思議と同じものにはなりません。

僕は「天才」ではないので、メロディが降りてくるわけじゃない。

だからこそ、**これまでの知識や経験を駆使して「新しいもの」を絞り出してきました。**

端《はた》から見れば涼しい顔をしていたかもしれませんが、**いつもいつも、苦しみ、もがきながら何かを生み出してきた**わけです。

ストックしたまま表に出していない曲や制作途中で眠らせたままの曲が、頭の中に残っていることもあります。

「世に出したい」と思うメロディは、ずっと頭の中に残っています。でも、不思議とそれを消化して、リリースすると頭から消えるんです。

だから、**どんどんアウトプットすることが大事**だと思っています。

天才じゃない人間がヒットを生むコツ②

ルール7

「自分の好きをデータ化」し、「好き」の要素・要因を徹底的に分析する

「なぜ好きなのか」をとことん分析すると、成功の糸口がつかめる

Point

・とにかく「数」をこなす。「数」をこなせば、必ず実力が身につく

・「インプット」と「アウトプット」の量を増やすのが大切。「ほかの人の10倍増やす」くらいの意気込みをもつ

序章で、**「好き」を追求することが大切**だと書きました。

でも、それだけではまだ甘い。ここからが重要です。

「好き」だけで終わると「小学生の絵日記」レベルです。

「好きです」「楽しかったです」「また行きたいです」になってしまいます。

大事なのは、過去の記憶と「なぜ好きなのか」「なぜ好きになったのか」の分析。

凡人が天才に勝つためには、この**研究力や観察データの記憶が最も大切**です。

自分の「好き」を掘り下げて考察する

凡人がプロとなって、天才に勝つためには、**「自分が気になったもの」「好きになったもの」「興味をもったもの」**、また**「タイミングを逃して悔しい思いをしたこと」などの瞬間を覚えておく**ことが重要です。

そして、それを**しっかりと考察してみる**のです。

たとえば、過去にビートルズが好きだったなら、「ほかのアーティストと何が違うのか」「日本の歌謡曲と何が違うのか」を考え、自分なりに分析すること。

つまり、**「好き」のデータ化**です。

他人に話したときに「それは違うよ」と言われても、気にしないで。自分の中で方程式ができていればいいんです。

つんく♂が学生時代にどハマりしたのは……

僕は学生時代、急に「ＢＯØＷＹ」にハマった記憶があります。

深夜の音楽番組では洋楽のヘビメタやハードロックが流行っている中、日本のロックバンドを語るのはどうなの？　っていう時代に突入していたのが、僕が高校１～２年生あたりだったでしょうか。僕もラットやモトリー・クルーを聴きながら、でも、どちらかといえばオシャレでモテそうなデュラン・デュランやパワー・ステーションなんかをわざわざ「聴いてまっせ～」ってドヤ顔していたのに、突然ＢＯØＷＹが気になって仕方なくなったんです。

バイト先で、商店街の中で、入った飲食店で、ふと有線から流れてくる

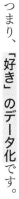

メロディとその声に耳をもっていかれました。

「あれ？ またこの曲が流れている」と、自分レーダーが働きました。

メロディが引っかかる、歌詞も耳に残る、なぜかドキドキする……。洋邦問わず音楽を聴いてきた、僕の頭のデータリストにはないメロディラインでした。

僕はラジオっ子でもあったけど、ラジオのヒットチャートにも入っていませんでした。「誰だ？」と気になって、有線放送に電話して問い合わせました。

「ボーイ（電話なのでスペルはわからなかった）の『ホンキー・トンキー・クレイジー』です」

聞いたことがないアーティスト名でしたが、曲の中によく出てくるフレーズがタイトルだったので、「なるほど！」と思いながら、そのままレンタルレコード屋さんをはしごして探しました。過去のアルバムにもたどり着きました。

そこからハマりましたね。当時邦楽のバンドは、かっこいい雰囲気はあってもヴォーカルがいい感じの歌を歌うグループは少なかったように思うんです。声やスタイルに特徴があっても「真似して歌いたいな」っていうのは少なく、唯一よく歌っていたのは「アースシェイカー」の曲でしたが、普通の高校生が知っているようなメジャーなバンドではなかったので、BOØWYの出現には驚いた記憶があります。

「こういうのが聴きたかった!」を見つけた気がしました。

しかも歌と歌詞がしっかり入ってくるから、うまくコピーすれば自分のヴォーカルをアピールできる。そのほか、ギターのフレーズ、ベースライン、ドラムのフィルのかっこよさなど、世の中が求めていた「穴」を埋めたのがBOØWYでした。だから、後に大ヒットしたのだと分析しました。

ほかにも、

- 小学生のころ、堺正章さん主演の『西遊記』をカッコいいと思っていた記憶
- 「おっ、この『なめ猫』ってのは絶対に流行る!」と思った記憶
- 松田聖子や中森明菜、キョンキョンでなく、「伊藤つかさ」が可愛いと思った記憶

こういった、**僕なりの「好き」が、モーニング娘。のプロデュースなどにつながっていった**のだと思っています。

「好き」の要素・要因を徹底的に自己分析し、「あなたらしさ」を加える

みなさんも、過去に自分が好きだったものやことを、思い浮かべてみてください。

そして、**その「好き」の要素・要因を、徹底的に自己分析**してみましょう。

そこに**自分なりのアイデアをプラスして、オリジナルに変えていくことが重要**です。

革新的なアイデアや創作は、オリジナリティが大事です。**人真似ではなく、「あなたらしさ」を加える。**

仕事の企画、提案、クリエイティビティなどに、あなたの「好き」を活かすことが大切なのです。

そのためにも、まずは**「自分の好き」をデータ化してほしい**のです。

ルール8

「好き」のデータ化に困ったら、「中2のころ、好きだったもの」を思い出す

そこに「自分自身の原点」があるかもしれない

「好き」をデータ化するにあたって、みなさんに思い出してほしいのが**「中学2年生」のころの感覚**です。

みなさん、ご自身の中学生時代を振り返ってみてください。

中1は、小学生の延長線。

中3になれば、将来がずっしりのしかかってくる受験がある。

子どもから大人として羽ばたいていく、ちょうど中間点が「中2」です。

まだまだ子どもだけど、幼いころより知識もついて、さまざまな選択肢が出てきます。

「中2には、無制限の青春感、自由と夢がある」というのが、僕の基本理念のひとつ。

「中学2年生のころ」の感覚を思い出す ――好きだったものは？

中学生くらいになると、**「何でも自分でできる」**ような気がしてきますよね。

大人の世界なんて知りませんから、「あれがしたい」「これになりたい」といった突拍子もない願望をもつこともあるでしょう。

でも、たいていは大人やまわりから「できるわけない」「きっと無理」「お金がかかるし」「いまじゃない」「後悔するよ」などなど、なんだかんだ言われて止められてしまいます。

そして「それをさせてくれないのは環境のせい！」「やりたいことができないのは、まわりのせい！」なんて考えてしまう。

思春期特有のこういう感じ、ありますよね。いわゆる「若気の至り」みたいな表現で、「あのころは青かったなあ」なんて思い出すやつです。

でも、これって**100％若気の至りでしょうか？**

未熟さゆえの浅い考えでしょうか？

僕は2020年から、「中2」をテーマにした映画製作のプロジェクトを始動しています。なぜなら、中2のパワーを信じているからです。

思えば、後藤真希、松浦亜弥と出会ったのも、だいたい彼女たちが13～14歳あたりのころでした。彼女たちには、パワーが漲《みなぎ》っていました。

みなさんも、**「中2のころ、自分が好きだったもの」**を思い出してみてください。**そこにみなさん自身の原点がある**かもしれません。

Point

- **「何でもできる！」「何にでもなれる！」中2の夢と可能性はすごい！**
- **「中2のころ、好きだったもの」を思い出すと、自分の原点が見つかるかもしれない**
- **「中2のころ」を思い出し、「好き」を具現化するパワーにつなげる**

ルール9

「絶対に勝てない相手」に勝手にライバル心をもつ

「圧倒的な才能」への嫉妬は大きな原動力になる

デビュー前、大阪のアマチュアバンド時代の僕らは、**ジェラシーの塊（笑）**でした。大阪のアマチュア界ではある程度有名になっていましたが、「東京」への嫉妬と敵対心で満ちあふれていたんです。

「俺らよりも下手やのに」

「たいしたルックスでもないのに」

そんなふうに思っていたバンドが、人気雑誌に載っているのを見ると悔しい。

「たいしたことない」と思っていたバンドなのに、深夜のテレビ番組などで特集が組まれると、日本青年館ホールや渋谷公会堂でのライブがすぐ決まっていきます。

「東京にいたら、俺らもさっさとスターになっているはずなのに」などと、**言い訳めいたジェラシーの塊で生きていました。**

嫉妬や愚痴ばかりの僕らでしたが、**時には「圧倒的な才能」を目の当たりにすることもありました。**

「いまの自分では絶対に敵わない相手」を前にすれば、それまで愚痴っていた「東京だからええよな」「俺らだって、もっとやれるのに」という感情が吹き飛びます。

そして**「もっと頑張らな！」**と思えました。

ここからは、僕が「敵わない」と思った存在について、少しだけ語らせてください。

「圧倒的な力の差」を見せつけられた Mr.Children

以前、『日曜日の初耳学』（ＭＢＳ毎日放送）という林修先生がＭＣの番組に出演させていただきました。

その番組で「僕が嫉妬する天才」として名前をあげたのが、Mr.Childrenです。

1992年、**同じ年にデビューしたMr.Childrenとシャ乱Q。**

同期デビューですが、Mr.Childrenはあっという間に売れて、約1年後にはシングル100万枚を記録し、ドラマの主題歌やCMソングも決まりました。

「悔しい！」

桜井（和寿）くんの認めざるを得ない声質と、作曲力への才能に、大いに嫉妬しました。

でも、僕もまだまだ若かったし、負けを認めたくありませんでした。

そのうち、Mr.Childrenは桑田佳祐さんとデュエットしたり、シングルだけでなく、アルバムもミリオンヒットになったり。**はぁ〜、ミスチル、すごかった**です。

……と言いながら、僕らシャ乱Qも「シングルベッド」のヒットを皮切りにミリオンを連発。続いてアルバムもミリオンヒット。

当時の僕らも、相当な結果を出しました。

ただ、それでも、Mr.Childrenとの差が縮まったような実感はありませんでした。

プロデューサーとして大成功、寝る間も惜しんで働いた

2000年ごろ、それまでツアーをガンガンやってきたミスチルに、そこそこ長期間、ライブやリリースのない期間があったんです。

そのころの僕は、モーニング娘。などのプロデュースで、バンドとは違うところでノリまくっている時期でした。

毎週オリコンに僕のプロデュースする数々のグループや歌手の曲をランクインさせて、「やった！　1位だ」「3週連続！」「ミリオンいったぞ！」などと、ワーワー盛り上がっていました。

そのころに出したモーニング娘。のアルバムが100万枚に到達して、自分の中でも「よし！　よく頑張った！」「こんなこと、そう簡単に真似できないでしょ！」なんて思っていたんです。

毎週曲をつくってレコーディングして、自分たちのライブもやって、ハロー！プロジェクト（モーニング娘。やJuice＝Juiceなど、アップフロントグループ系列の芸能事務所に所属するアイドルグループやアーティストの総称）のライブにも立ち会って……。

とにかく忙しく、本当に働き詰めでした。シャ乱Qの曲を含め、年間100曲くらいはリリースしていました。

充実感もあったし、数字的にもかなりの実績を残せていたので、ほかのアーティストと自分を比較する暇がなかったのも事実です。

あっさり300万枚達成に、「神様、そりゃないぜ〜」

そんなあるとき、渋谷のレコーディングスタジオのロビーで偶然、ミスチルと再会したんです。しばらく国内外でのんびりリフレッシュしているという噂は音楽仲間を通じて聞いていたんですが、そんな彼らもそろそろ活動を再開するというころだったと思います。

そのときは「久しぶり！ 元気？ また飲もうよ！」など、ありきたりな立ち話をして別れたんですが……。

それからしばらくして、**ミスチルがベストアルバムを出したんです。それが一瞬で300万枚売れました。**

一方の僕は、毎週新作のシングル曲をつくって、僕自身もバラエティを含むテレビ番組にも多数出演し、ハロー！プロジェクトたちのプロデュースに神経をすり減らして、寝る間も惜しんで働いて、**やっとの思いで100万枚**（その後、結果的に200万枚を超えましたが）。

もちろん、これも十分素晴らしい実績です。

でも、彼らは十分なオフをとってリフレッシュして、ふらっと戻ってきて（きっと事実は違うし、忙しくしていたとは思います。当時の僕の勝手な気持ちなのでお許しください）、出した新作なしのベストアルバムが、一瞬で300万枚！！！

正直、「神様、そりゃないぜ〜」と思いました（笑）。

「やっぱ桜井くんには勝てないな」と、忘れていた感覚が蘇りました。

これまでずっと感じていた差。忘れかけていたのに、プロデューサーになって、また実感するなんて……。

「こうなれば、もっともっと曲をつくって、数を積み上げていくしかない。じゃないと、彼らには勝てない！　頑張れ俺！」って、心から思ったのです。

忘れかけていた嫉妬心を思い出させてくれて、ありがとう。Mr.Children！

みなさんも、ぜひ、**同じ業界、仲間にライバルをつくってください。**

できれば、**自分よりも常に上にいるような存在がベスト**です。
ライバルの存在は、時に凹むこともありますが、

- **「負けるな俺」「頑張れ俺」と自分を鼓舞してくれる**
- **成功しても天狗にならない（「上には上がいる」と思える）**

と、**何かと原動力になってくれる**ものです。

Point

ライバル（自分が嫉妬するような人物）の存在を見つけて、パワーの源にする

ルール10

「凡人」だからこそ、練習すれば必ず人より抜きん出られる

才能がなくても、誰でもなれるのが「プロ」です

「才能がなければ、プロにはなれない」

「才能がある限られた人だけが、好きなことを仕事にできる」

こんなことを思って、夢をあきらめたことはありませんか？

でも、**それは間違い**です。

数多くのプロデュース業で、**「ごく普通の女の子」がプロになっていく様子を目の前で見てきた**僕が言うのだから、間違いありません。

自分のしたいことや行きたい世界が決まっていて、たとえばそれにはダンスやリズム

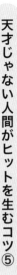

が不可欠なのであれば、**とにかく練習するのみ**です。

「苦手だ」「無理だ」なんて言っている暇はありません。

本気で練習すれば、1年後にはびっくりするようなレベルになっているはずです。

練習すれば、誰だって普通の人より数段階レベルを上げられる

ここでのポイントもやはり**「自分が凡人である」**ということ。

誰もが世界的なダンサーやシンガーになれるわけではありません。

スポーツの世界でも、オリンピックでメダルをとるレベルには、生まれもった才能が必要でしょう。

でも、**普通の人よりも数段階レベルを上げるくらいなら、努力さえすれば、誰でも可能**です。


誰だって練習すれば自転車に乗れるようになるし、泳げるようになるし、スケートだって滑れるようになります。1年間毎日泳いだら、きっと学校でベスト10くらいのス

イマーになれるのではないでしょうか。

人間の潜在能力をあなどってはいけません。ほとんどの場合、練習をすれば簡単にレベルは上がっていきます。

みなさんの中にも、**まだ目覚めていない潜在能力がたくさんあるはず**です。

ルール11

天才じゃない人間がヒットを生むコツ⑥

やりたいことがあるなら、いまの環境を変えて、まず飛び込んでみる

環境を変え、意識することでパフォーマンスが上がることもある

もうひとつ、**「環境を変えること」も大事**です。

そして、**「意識すること」**を加えてください。

たとえば、多くの人が不得意だと思い込んでいる英語。洋画が好きで1000本観ましたっていう人でも、話せるようになるわけではありません。

というのも、僕も妻もハワイに住むようになりましたが、我が子らのように英語をたくみにあやつれないのです。なぜなら、何か困ったら子どもたちに通訳してもらったり、翻訳アプリを使ったりしてしまうからです。

心から環境を切り替えて、「意識して」英語を使うようになれば、聞き取れるようになり、自然と話せるようになるはずです。**大事なのは「意識」です。**

ダンス、演技、歌唱、あるいは数多の専門業界についても、考え方は同じです。

まずは、**未経験でもその業界に身を置いてみる。**

そのうえで**「意識して」上手な人のパフォーマンスを見て、分析する。**

そして自分でも**「意識して」練習を重ねる。**

そうすることで、パフォーマンスは必ず向上します。

思いきって、「新しい環境に挑戦すること」、そして「意識すること」。

そうすれば、身についていくのです。

大切なのは、立ち止まらないこと。

自分のしたいことや行きたい世界が決まっているなら、**まずはそこに飛び込んでみる度胸**も必要です。

つんく♂からのアドバイス

声帯を失った僕も、訓練で「声」を出せるようになった

現在の僕のように、パフォーマンスに不自由がある体であっても、訓練は本当に大事です。

人間、下手でも反復練習を繰り返していると、絶対に以前より上手になります。

僕も声帯を失いましたが、訓練によって、いまは食道を震わせる方法で、声（のようなもの）が出せるようになりました。

訓練の教室に通って、同じ病気の先輩から教えてもらっています。発声にも段階があり、「あ」から始まって、少しずつ少しずつ短い単語になって、会話になるように訓練します。そのプロセスは2年間かけて組まれています。

僕の場合は術後の状態もよかったので、通常より短い期間で食道発声ができるようになりました。感謝ですね。ちなみに手術の場所や術後の状態によっては、すべての同じ患者の方が同様に習得できるとは限らないようです。

歌手だった僕にとっては、声であって声ではないんですが、家族やスタッフと意思疎通するためには十分役立っています（ただし音程をつけるのは無理なようで、いまはそこが課題です）。

みなさん、いま体が健康であるなら、それだけでより向上していく素質をもっていると思います。

僕も頑張っていますので、みなさんも頑張ってください。

ルール
12

天才じゃない人間がヒットを生むコツ⑦

「苦手なこと」にクヨクヨ悩むより、「好きを伸ばすこと」で、ほかを凌駕する

「好きなこと」に一点集中すれば、ナンバーワンになれる

Point

・進みたい道、やりたいことがあるなら、とにかくそれに向かって練習を積む
・自分の潜在能力をあなどってはいけない
・やりたいことがあるなら、まず環境を変えて、飛び込んでみるのも手

どんなことでも**「1番になる」**って**大事**だと思います。

オリンピックや何かの賞でも、1位の人は覚えているけど、2位以降は人の記憶に残りにくいものですよね。

だから、何かを成し遂げようと思ったら、オールマイティな何でも屋さんになろうとせずに、**自分の好きなものをひとつチョイスして、それを半年〜1年、集中して磨くことが、とても大切**だと思います。

ダンスが好きなアイドルの卵なら、ダンスをとにかく頑張る。

イメージも年齢も関係ありません。

「メンバーの中で1番」「事務所の中で1番」、そして、アイドル界で「ダンスといえば○○」となればたいしたものです。

一般企業であれば、次のようなことでもいいでしょう。

- **エクセルの操作なら誰よりも詳しい**
- **もらった名刺の数ナンバーワン**
- **メールの返信が誰よりも早い**

とにかく、**「自分の好きなこと」を伸ばす**わけです。

好きなことを伸ばして、ほかを凌駕する

勉強の場合は、総合点を上げるために、苦手教科を伸ばすのも手でしょう。

たとえば英・国・数がそれぞれ70点、50点、80点なら、50点の国語を伸ばせば総合点はぐんと伸びる。数学は伸びしろが20点しかないけど、苦手な国語は50点伸ばすことができるからです。

でも、ビジネスや芸能の世界においては、**平均点を上げるのもいいけど、僕は80点のものを100点にして、ほかを圧倒するのが何より手っ取り早い**と思っています。

感覚的には96点のものを97点にしたほうが、50点のものを80点にするより社会的には刺激が強いと感じています。

そして、それによって**「やればできる」と自信をつけることで、ほかの部分もつり上がってくる。**そう考えています。

「苦手なこと」をクヨクヨ悩むより、「好きなこと」を伸ばして、ほかを凌駕する。

そうすれば、苦手なことなんて、いつの間にかどうでもよくなるものです。

Point

自分の好きなことに目を向けて、一点集中でナンバーワンになる

ルール13

天才じゃない人間がヒットを生むコツ⑧

「理不尽を味方につける」くらいのメンタルをもつ

社会は「明確な順位」がないからこそ面白い

学生時代の成績は「クラスで○位」「学年で○位」という順位がつけられました。

あるいは、偏差値という名の明確な基準がありました。

勉強というものは、やればやっただけ、確実に成績が上がります。

「努力がそのまま結果になる」という成功体験は、自分の自信につながるもので、僕もとても大事だと思います。

真面目に努力できる人は、どんな世界でも、ちゃんとやれる

でも、社会人になれば、営業成績などの数字だけですべてを測ることはできません。

そのため、明確な順位がつけられないのです。

たとえば芸能界、アイドル界においても、誰が1位なのかは、何をもっての順位なのかで変わってくるでしょう。

頑張れば結果が出る勉強と違って、「どうして自分よりあの子のほうが人気があるのか」「同僚の案ばかりが採用されるのはなぜか」といった、本人にとって理不尽な悩みが増えてきます。

でも、それが**社会の面白さとも言える**のではないでしょうか。

逆にいえば、**凡人でもトップになれる**わけです。

ただ、忘れないでほしいのは**「真面目に努力できる人は、どんな世界でも、ちゃんとやれる」**可能性が高いということです。

ごますりや嘘、外側の魅力だけで上に立てたとしても、いつかメッキが剝がれます。

決して長続きはしません。

「自分と合わない場所だから輝ける」こともある

会社、学校、サークル、あるいは友達同士のグループ。

「ここって、自分に合わないんじゃないかな」と思ったことはありませんか？

「まわりは陽キャなのに、自分は陰キャ」

「ちょっといい加減で要領のいい人ばかりなのに、自分だけ真面目」

「……周囲と考え方が合わないような気がする」

うん。こういうのって、疎外感を覚えますよね。

アイドルグループでも同じです。

たとえば、真面目な優等生タイプの子がエキセントリックなイメージのあるアイドルグループに入ったら、本人的には違和感を覚えたり、自分の存在意義に疑問を感じたりすると思います。

こんなふうに疎外感を覚えたり、自分だけが浮いてる感覚になってしまったときの考え方のヒントを提案させてもらいましょう。

まわりから浮いていることを「おいしい!」と考える

アイドルグループというものは、いつの間にかカラーやイメージができあがっていきます。

モーニング娘。も、僕が「こんなイメージのチームをつくろう」と思ったわけではないのに、いつの間にか「ハロプロっぽいよね」「つんく♂っぽいグループ」などと言われるようになりました。きっと秋元康さんや小室哲哉さんのプロデュースされるグループ系も、同じ現象が起こっているのではないでしょうか。

そういった中で**目立つことは、そもそも難しい**わけです。

だからこそ、**違和感があるなら、むしろそれを活かしてほしい**わけです。

無理にまわりに合わせるのではなく、**いまの自分の「浮き具合」を個性にしてほしいな〜**って思うんです。

個性的なファッションを競い合うファッション系の専門学校ならともかく、一般的な学校や会社でまわりから浮いてしまうと、どうしても疎外感を覚えるもの。

でも、そういう状況を嘆くのではなく、**「おいしい！」**と考えるわけです。

人や環境も、だんだん変化していく

校風や社風が「違うな〜」「自分には合わないな〜」と感じても、**よく見ればいい部分がきっとあるし**、数年もすれば**だんだん馴染んでくる**ものです。

自分が個性を意識して生きていれば、**まわりが合わせに来てくれる**こともあります。

あるいは、**学校や会社自体が変化していく**こともあるでしょう。

モーニング娘。でいえば、3期で入った後藤真希にしても、9期で入った生田衣梨奈にしても、最初は「浮いてる」「っぽくない」と言われていました。

でも、そのまま突き進んでくれたからこそ、それが**チーム全体の魅力の幅になり、許**

容量の広がりになっていきました。

ちなみに、ここで言う個性や浮き具合は、校則違反や社会的なルールを飛び越えることではないので、お間違いなく。

反発や反抗ではなく、自分らしく、真っ直ぐ突き進む勇気はあっていいと思います。

大切なのは、自然と発生した周囲との違和感を**「おいしい」ととらえて上手に利用してみよう！**という考え方です。

ただし、胃がひっくり返りそうなほど暗い違和感を覚えてしまっている場合は、**思いきって状況を変えてしまう**ことも大事です。

時には、とっとと**違う環境に移動することも大事なチャレンジ**だと思います！

Point

- **真面目に努力できる人は、どんな世界でもやっていける**
- **社会は理不尽だからこそ、凡人でも上に立てるチャンスがある**
- **「合わない場所」にいるなら、それを逆手にとって目立ってしまえばいい！**

この章のまとめ

- ☑「自分の好きをデータ化」し、「好き」の要素・要因を徹底的に分析する
- ☑「好きのデータ化」に困ったら、「中2のころ、好きだったもの」を思い出す
- ☑「圧倒的な才能」を勝手にライバル視する
- ☑凡人だからこそ、「地道な努力」で人より抜きん出ることができる
- ☑「苦手を克服する」より「好きを伸ばす」ことで、ほかを凌駕する
- ☑「逆境を利用する」くらいの強気なモチベーションをもつ

第2章

「眠れる才能」を呼び覚まし、自分の実力を120％引き出す方法

「超バランス型人間」の時代がやってきた！
プロデューサー視点で見た
「伸びる人」「伸びない人」の決定的差

ルール14

思い込みでも、根拠がなくても、「何でもできる！」という気持ちで挑戦する

ほとんどの人は「自分で自分にブレーキ」をかけている

ここまでで、みなさんも自分の中にある才能の「小さな芽」のようなものを感じられたのではないでしょうか。

この章では、その**「小さな芽」の育て方・伸ばし方のヒント**を解説していきたいと思います。

せっかく才能の芽があっても、それを潰してしまってはもったいない！

自分の中にある才能を信じれば、きっと芽が伸びて、いつか花が咲く日がきます。

自分を決めつけて、ブレーキを踏んでしまっていないか

「あれをやりたい！」「こうなりたい！」という夢や目標はあっても、口に出したり行動したりする前に、**「これはできるかな？　できないかな？」**と考えてしまう人、多いですよね。

でもそれって、**「めっちゃ自分でブレーキをかけている」**と思いませんか？

自分の中で理想があるからこそ、「こうじゃなきゃ！」って決めつけている人も多いように思います。

リーダー、新入り、女性、男性など、**肩書で自分を決めつけている人も多い**です。

「新人だから、口を出さないほうがいい」

「後輩の前では、先輩らしく振る舞わなければならない」

「いい年なのに、新しいことを始めるのは恥ずかしい」

こういった気持ちも、すべて**自分でブレーキを踏んでいる状態**です。

これって、じつはすごくもったいないこと。

せっかく好きなこと、やりたいことがあるのに、**自分でブレーキを踏んでいるなんて、**

自分で自分の才能を封じているようなものです。

とくに若いうちは、「大丈夫かな」「ちょっと危ないかな？」って、周囲に心配をかけるくらいでいいと思うんです。

大阪のストリート文化「城天」が生まれた理由

昨今はSNSでの不用意な一言で素人さんでも炎上したり、ニュースになったりする世の中。コンプライアンスという言葉も当たり前になって、ひと昔前よりも、規律違反に厳しい世の中になっていますよね。

ただ、いつの時代も常にグレーゾーンみたいな部分はあって、そこから新しい「何か」が生まれることが多いように感じています。

1989年ごろ、結成間もない僕らシャ乱Qは、東京でブームになっていた原宿のホコ天のような場所を大阪で探し求めたのですが、なかなか見当たらず……。たどり着いた場所が、人気《ひとけ》の少ない大阪城公園でした。

最初は練習の体《てい》で楽器だけでの演奏。そのうち発電機を回して少しずつ音が大きくなっていきました。正直、近隣の方々にはいい迷惑だったと思います。いまの時代なら完全にアウトでしょうね。「うるさいぞ！」ってよく叱られましたから。

ただ、当時の僕らの熱意も伝わり「まあ、学生さんたち夢もって頑張りや〜」と温かく見守っていただいたことで根づいていきました。そのうち、演奏時間やゴミを片づけるなどいろいろなルールができ、いつの間にか公認のような形でストリートライブができる場所となっていきました。

以降、「城天《しろてん》」と呼ばれる大阪城公園でのストリートライブはたくさんのアーティストたちに受け継がれ、毎週末にバンドやアイドルのライブが行われています。

でも、僕らが常識人で、大阪城公園でのバンド演奏をやらなかったら……。途中でバンドもやめていたかもしれないし、城天という文化も生まれなかったかもしれません。

若いころにしかできない無茶なこと（もちろん限度はあるし、犯罪や人を傷つけることは絶対ダメ）が、いまの自分の礎になることもあるんです。

「できる！」と思わなければ、行動できない

前章でも述べましたが、中学生のときのように**「何でも自分でできる！（根拠もなく）」**っていう感覚、僕はとても大切だと思っているんです。**たとえ勝算が低くても、「できる！」と思うことは、とても大事**です（序章のステップ④参照）。

だって、**「できる！」と思わなければ、何も行動できない**から。

実際に行動すれば、トントン拍子にうまくいったり、うまくいかなくても何かを学んだりして、次のステップにいけます。

「できる！」という気持ちがきっかけで、本当に何かを成功させてしまう人、実際にたくさんいると思うんです。

でも、「できない」と思ったら、現状維持。ブレーキを踏んで止まっているだけです。

だから、**根拠もなく「できる！」と思えることは、とても大事**だと思います。

もちろん、大人になれば、経済的、時間的、物理的にできないことも自覚してしまいますが、少なくとも、**自分で自分にブレーキをかけるような考え方はしない**でほしいと

思うのです。

実力を120%引き出す！「伸びしろのある人」の条件②

ルール15

つんく♂流「令和の10大能力」を伸ばして、キラリと光る人材になる

「『超バランス型人材の時代』をどう生きるか？」がカギ

ここでは、令和時代にどんな人材が求められるのか、僕なりの考えを述べたいと思います。

本書で繰り返し述べているように、僕らのほとんどが凡人です。

それを考えると、**凡人の中から、どうやって頭ひとつ抜け出すか**が重要になってくるわけです。

では、どんな能力を伸ばせばいいのでしょうか？

僕は、**令和は「超バランス型人材の時代」**だと思っています。

前章で、50点の部分を100点にするのではなく、96点の部分を97点、100点にする、つまり「好きなことを伸ばすことが大切だ」と書きました。

それなのに、「超バランス型人材の時代」なんて、相反するように思えるかもしれません。

一般社会やとくに芸能界において、「一芸に秀でる」ことが、成功するための突破口であることは間違いありません。歌手、スポーツ選手、料理人、デザイナー、エンジニアなど、ほぼすべてのジャンルにおいて言えることです。

昭和の時代なら、歌の才能で歌手として一躍スターになり、あっという間に億万長者の仲間入りをする。いまならユーチューバーなどで成功し、若くしてビジネスパーソンが一生かけて稼ぐような金額をものの数年で稼いでしまう人もいるでしょう。

でも、問題はその**「一芸」なり突出した部分を何年続けられるか**という点です。

一芸に秀でることは素晴らしいのですが、ここ最近のエンタメ業界やビジネス界隈を見渡してみると、**「バランスのいい人」に人気や仕事が集中している**ように思います。

プロとして、ビジネスの世界で長い間活躍していくためには、やはり「バランス」が必要なのです。

令和時代必須の「人生バランスチャート」で、自分のバランス力を可視化する

ふわっとした話をしてもわかりにくいと思うので、僕がプロデューサー視点で考えた、10項目のバランスチャートを紹介します。

自己分析してチャートに書き込み、その面積が大きければ大きいほど、社会人としてのバランスがよく、長続きする。

それこそが、**令和という時代に求められる人材**だと僕は思うのです。

それが、次の**つんく♂流「人生バランスチャート」**です。

これは言い換えると、**「令和を生き抜く10大能力」**とも言えます。

それぞれの指標を解説していきましょう。

①目指す道の能力（ベースになる能力）

歌手なら「歌がうまい」、お笑い芸人なら「面白い」、野球選手なら「野球がうまい」。

当たり前ですが、**「目指す道への能力」が人より長けているほうが成功しやすい**と言えます。

②2つめの能力（自分の魅力になるオリジナルの能力）

①のベースとなる能力に加えてもうひとつ、**「オリジナルの能力」があるといい**でしょう。
「英語がペラペラ」「ゴルフがめちゃくちゃうまい」「料理の腕前はプロ級」「話が芸人並みに面白い」などなど。

こういった能力を2つ、3つともっている人は、個性として人に覚えてもらえたり、いざというときにその能力が役に立ったりするため、その人自身の魅力になります。

③人間関係の巧みさ

令和時代においては、これがいちばん重要かもしれません。

人付き合いでは、**ちょうどいい距離感がとれる**ことも大切です。

特定の人たちとだけ仲良くするのではなく、**交友関係が広く、そこそこ深い付き合いの人も軽めの付き合いの人もいながら、男女年齢関係なく対応できる。**そんなイメージです。

気づかいも重要です。

もう何年も会えていないけど、何かの折にちょっとした贈り物や手紙、LINEやメールで気配りができたりすることも大切です。

つんく♂流「人生バランスチャート」
「令和を生き抜く10大能力」

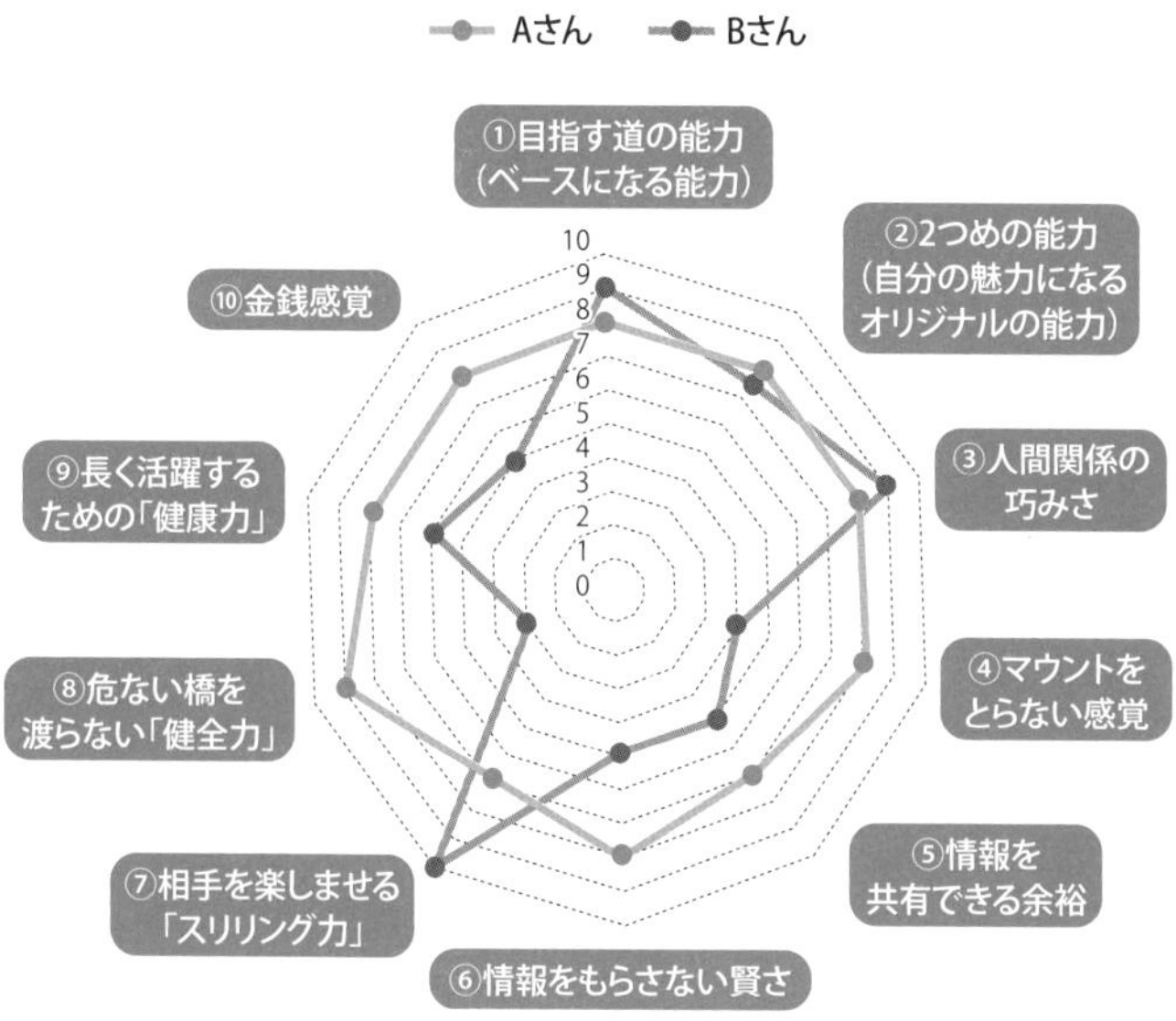

④マウントをとらない感覚

ＳＮＳ全盛だからこそ、この感覚も重要です。

どうしても人間、**自分の得意分野の話になると、マウントをとりがち**だからです。

初対面ではいい感じだったのに、慣れてくると**自分でも気づかないうちについマウントをとってしまっていた**……なんてこと、じつはありがちです。

たとえば、やたらと自慢話をする人や、自分の昔話が多い人、人の話を遮って「あ、その話知ってる。でも、じつはね……」と話の腰を折る人。

要するに、最終的に会話を全部自分の知っている話にまとめちゃうクセのある人は要注意。これは指導力やリーダーシップの評価にもつながる部分で、自分では気がつきにくいからこそ、難しい力とも言えます。

⑤情報を共有できる余裕

自分が知っていることを、惜しまず、どこまで提供できるか。

ただし、上から目線で「俺、知ってるで。教えたろか〜」みたいになると、マウントをとる感じになってしまいます。

大切なのは、**「相手にとって有益で大切な情報を伝えよう」という心の余裕**です。

たとえば山登りのとき、「ここは右側を歩くと、頭に木の枝がぶつかってくるから、気をつけてくださいね」と、メモを残すようなイメージです。

⑥情報を漏らさない賢さ

⑤とは真逆に思えますが、**情報解禁日や企業秘密といった重要な情報、また昨今ではプライバシー情報が漏洩しないようにすること**はとても重要です。こういった部分がしっかりしている人は、社会的にも個人間の付き合いでも、信用される人間となるでしょう。

⑦相手を楽しませる「スリリング力」

とくにエンタメ業界においては、これがかなりのポイントになります。

「あいつと一緒にいると、ちょっとドキドキするよな」

「あの人、あんな店よく知っているよね」

「さっきの話、鋭かったよな」

「あなたと出会わなかったら、私はこんな場所に旅行することはなかった」

こんなふうに、**スリリングでドキドキさせてくれるような空間や時間を提供してくれる人**は、それだけでもう魅力的ですよね。

ただし、行きすぎて「あいつといたら、警察を呼ばれた！」「あの店、ちょっとヤバい店なんじゃない？」「えっ？　反社の知り合い？」……というのはNGです。

⑧危ない橋を渡らない「健全力」

スリリングな魅力があっても、事故やケガ、犯罪やトラブルに巻き込まれるリスクがあるなら、むしろ大きなマイナスです。

それまで培ってきたことが、一瞬にしてすべてパーになってしまうからです。

スリル満点の遊園地のジェットコースターも、**「何事もなく元の位置まで戻ってきてくれる」という信用があるからこそ、お金を払って列に並んで乗る**わけです。

これが「1000回に1回くらい脱輪しま〜す」だったら、話は変わってきますよね。乗りますか？　乗りませんよね。

でも、これからの時代は社会においても芸能界においてもジェットコースターと同じで、**スリリングでも事故率ゼロ％でなければいけません。**これはビジネスパーソンも同じです。

1000回に1回も許されないなんて、厳しいですよね。

⑨長く活躍するための「健康力」

歌手や芸人、もちろんビジネスパーソンも、**健康でなければ続けられません。**

僕自身がいい例です。歌いたくても、もう歌えないわけですから。

僕の場合は「歌う」というベクトルが極端に下がりましたが、ほかのベクトルでカバーできていたからこそ、なんとかエンタメ界に生き残っていられるような気がします。

真のスーパースターというのは、いくつになっても健康的なイメージがあるし（たとえば五木ひろしさんや明石家さんまさん）、多少のケガや病気をしても、乗り越えて這い上がってくる。そんな気がしています。

だから、**やっぱり健康は大事**です。

⑩金銭感覚

金銭感覚がおかしくなると、お金を使いすぎて生活に支障をきたしたり、仕事に悪影響が出たりします。

お金が無限にあるというようなことはありえません。**お金は大事に、有意義に使わな**

くてはならないのです。

それでも、**お金をもつと人格が変わる人がいるのも事実**です。**どんなときも謙虚でいられるか、冷静な判断ができているか**、という部分は大切です。

お金があろうがなかろうが、キオスクの店員さんやタクシードライバー、食堂のアルバイトスタッフに対して偉そうな口をきいたり、逆に権力者や有名人にはペコペコしたりという人は、信用できませんよね。

セコすぎても、豪快すぎてもダメ。

無駄を省いて始末するのはとても大事です。

大阪弁かもしれませんが**「始末する」というのは「倹約する」「浪費を慎む」というような意味で、セコイとかケチくさいとは違った意味をもつ重要な言葉**です。

使うべきところやタイミングではしっかり使う、という感覚も大事だと思います。

いずれにしても、バランスが大切ですね。

さて、みなさんのバランスチャートはどうでしたか？

この10項目は、どんな業界でも大切なことだと思います。

面積が大きければ大きいほど、成功の可能性が大きく、長くその業界で生き残ること

ができるのではないかと思います。

125ページの図であれば、Bさんよりも Aさんのほうがバランス力が高いと言えます。

芸術や芸能、スポーツの世界でいえば、この10大能力の①や②が秀でていることがプロへの条件に近づきます。プロになれずとも、音楽でもスポーツでも手先の器用さでも、**何かひとつ人よりも優れた能力があることは、人生において強い武器になります。**

たとえば大谷翔平選手は、野球選手として、投手だけでなく、打者としても類まれなる能力を兼ね備えているのに加え、その他の能力も高いように見受けられます。ほぼパーフェクトですよね。**彼のような人が、令和時代においては最強**なのかもしれません。有名人の場合、本当のプライベートな部分はわかりません。だからこそ、一般的なイメージも大事になってきますもんね。

ただ、僕のように、ひとつのベクトルが大きく下がったとしても、それ以外の部分でしっかりバランスがとれていれば大丈夫。

それに**「好き」という情熱があれば、チャートの面積は小さくとも、能力が底上げされるはず**です。

ルール16

「運」は、自分の能力を2倍にも3倍にもする

運をつかむための準備を怠らない

大逆転? 10大能力以外で、じつは重要なものがある

チャートにはないのですが、もうひとつ大切なことがあります。それは**「運」**です。成功するためには、「運」のよさが必要です。**たまたま自分のしていたことが時流に合っていたとか、いい仲間や恩師に出会えた**とか。

「運」は、このバランスチャートの数値に掛け算されます。

運をもっている人は、自分の面積を2倍、3倍、時には10倍にもしてしまいます。逆

に、「運」に見放されると、半分や10分の1になることもあるわけです。

だから、チャートの面積が狭くても、「運」があれば大丈夫。

逆にいえば、チャートの面積が広くても、「運」がないとうまくいきません。

でも、**「運」を引き寄せるためにも、この10大能力を伸ばして、人間力を上げることが必要**だと僕は思います。

運をつかむためには「準備」が大切

「運」についてもう少し付け加えると、実際に僕も、**「あのとき○○さんに出会わなかったら……」「あの時代じゃなかったら……」**みたいなことってたくさんあります。

たとえばモーニング娘。も、僕がテレビ番組でアイドルのプロデュースをすることになって、メンバーたちがオーディションに来てくれたから結成されたわけで……。

そう考えると、僕は「運がある」ってことになるんでしょう。

でも、その**「運」のチャンスカードは、準備態勢が整っていないとひけない**ように思います。

かるたで「札をとるぞ！」という気持ちでかまえていて、「犬も歩けば～」と聞いた瞬間、サッと「い」の札をゲットするようなイメージ。目の前に札があっても、**ぼーっとしていたらほかの人にもっていかれる**でしょう。

「運も実力のうち」なんてよく言われますが、**運をつかむ準備態勢ができていなければ、運はつかめない。**僕はそう思います。

ルール17

実力を120％引き出す！「伸びしろのある人」の条件④

自分の「枠」を取っ払い、「何でも」を栄養にかえて、ガンガン成長する

「枠」をなくせば無限で自由！ 能動的に動き、何でも吸収しよう！

ここからは、先ほど紹介した**「令和の10大能力」**をベースに、**自分の能力をさらに伸ばす方法**を紹介します。

これは長い間プロデューサーをやってきた僕が、**たくさんの「伸びる人」を見て気がついたポイント**です。

自分を「枠」にはめない

そのひとつめは、**「自分を枠にはめない」**ことです。

逆に、「自分を枠にはめる」とはどういうことか。

「私って黒しか似合わないんだよね」
「この髪型は私には無理」
「このセリフは私っぽくない」

というように、**自分の枠をあらかじめ決めてしまうこと**です。

一見「自分をもっている」ようにも見えますが、ガチガチにシールドを張って、枠からはみ出すようなことは「自分っぽくないからやりたくない」と勝手に決めつけているのです。

会社員なら**「自分は営業向きじゃない」「やったことがないからできない」「それは私の仕事じゃない」**というタイプです。

こういう人は、はっきり言って伸びません。

ある程度までは結果を出すこともありますが、たいてい頭打ちになります。

だから、みなさんも**自分を枠の中に入れないでください。**

枠を取っ払って、自由になれば、何でもできます！

☑「何でも」を栄養にかえて、ガンガン成長していけるか

伸びる人は、いろいろなことに興味をもちます。

「えっ？ それ、どうやるんですか？」

「わっ！ それ、面白いですね」

「やったことがないけど、やってみたい！」

というように**能動的に動き、何でも吸収していきます。**

その「何でも」を栄養にかえて、ガンガン成長していくのです。

結果につながるまで、少々のタイムラグがあるかもしれませんが、遅れをいっきに巻き返し、どんどん加速して成長します。

つんく♂からのアドバイス

「〇〇さんみたい」にならなくてもいい

めちゃくちゃ仕事ができる職場の先輩がいたとします。

多くの人は往々にして、その先輩を手本にして、憧れて、「〇〇さんみたいになりたいのに、うまくできない」と落ち込んでしまいがちです。

でも、そんなことは考えなくてもいいんです。

多くのアーティストたちをプロデュースしてわかったのは、みんなそれぞれ個性があるということ。

「〇〇さん」と同じように振る舞っても、自分のキャラが足されるので、絶対に同じようにはなりません。

仕事ができる完璧な○○さんもよし、たまにはミスをするけど、全力でリカバーするから憎めないあなたもよし、です。

自分は唯一無二だし、「○○さん」のいいところは見習うけど、それ以上に自分のいいところを出す！

そう考えてほしいのです。

実力を120%引き出す! 「伸びしろのある人」の条件⑤

ルール18

最初から「NO」が多い人は、本当に伸びない。決して「NO」と言わず、まずはやってみて、自分の糧とする

後藤真希がすごかったのは、「できない」「やりたくない」がなかったから

モーニング娘。がいまもなお人気を維持しながら続いているのはなぜか。

僕がいま、彼女たちを振り返って思うのは、**初期メンバーがプロデューサーつんく♂のプロデュース方針に対して「NO（できません、やりたくないです）」を言わなかったこと**がいちばん大きな要因だったんじゃないかということです。

これはいわゆるパワハラとか「言いたいことが言えない」という圧ではなく、誰でも現状が変わっていくことに不安はあるけど、それ以上に**未来に対していい意味の期待感**

をもっていてくれたんじゃないかと思うんです。「つんく♂なら何かやってくれるんじゃないか！」みたいな。**ドキドキハラハラしながらも、みんなが楽しみながら立ち向かってくれた結果**です。

その中でもいまにつながる大きな突破口は、**「追加メンバーを募集する」と発表したとき**です。**安倍なつみや飯田圭織**など、すでに人気のあったメンバーは、さらにライバルが増えることに対して、内心では「嫌だ」「許せない」という気持ちがあったと思うんです。

それでも、**モーニング娘。にとってのいい結果につながるのではないか**という、エンタメ的なハラハラドキドキにうまく乗っかってくれたから、あれから25年も続くレジェンドグループになれたのだと思います。

叱り役になってくれた中澤裕子や、いい感じに叱られ役となってファン心理を勝ち取った2期メンバーも、番組にとっても、音楽をつくる僕にとっても貴重な存在でした。

そんな中で、番組でも何かと注目されていた安倍なつみのプレッシャーも相当あったことしょう。

後藤真希の加入で、より切磋琢磨したメンバーたち

そして、第3期メンバー募集のオーディションに応募してきたのが**後藤真希**でした。当初は2名合格させるつもりでしたが、後藤に対するもうひとりを選ぶことができず、合格者は彼女のみとしました。

その後の「LOVEマシーン」の大ヒット、同時に後藤の人気っぷりは、記憶している人も多いと思います。

後藤のすごさは、最初に感じた才能だけではありませんでした。

加入したばかりのころは、彼女もできないことがたくさんありました。当然ですが、ダンスや歌、コンサートの立ち位置のことなど、何もわかりませんでした。

それでもほかのメンバーと同じように、決して**「NO（できません、やりたくないです）」**とは言いませんでした。

顔には出しませんが、**「なにくそ！　やってやる」という姿勢と、「やってみてから考えよう」というポジティブさ**を感じました（本人的には、もっと無邪気な気持ちだったかもしれませんが）。

彼女はメンバーになってから驚異的なスピードで成長し、場に対応する能力を身につけていきました。

失敗を恐れず、成功体験を上手に生かし、また次のステップへと成長していきました。

そして後藤が成長すればするほど、初期メンバー、2期メンバーもそれに負けじと切磋琢磨し、どんどん成長していきました。

僕がアマチュアバンド時代から何年もかけて身につけたようなスキルを、彼女たちはあっという間に身につけていったのです。

当時のものすごいハードスケジュールの中、**誰ひとり「NO!」や「ギブアップ!」を言ったメンバーはいなかった**。僕はそう記憶しています。

「NO」と言い出しそうな子は、オーディションの段階でそういう匂いをプンプン出してきます。

もしひとりでもあのメンバーの中に、ネガティブ要素のある子が入っていたら、悪い負の連鎖も始まり、いまも続くモーニング娘。の歴史は早々と幕を閉じていたかもしれません。

みなさんも彼女たちのように**「NOの前に、まずはやってみる」**という精神を大切にしてみてくださいね!

松浦亜弥、藤本美貴の「潔さ」と「適応力」

モーニング娘。のメンバーは、ほとんど10代の女の子ですから、髪型やファッションには自分なりのこだわりがあります。

でも、仕事では、気に入らない衣装や髪型になることもあるわけです。

「全員黄色い服で！」「プールから上がってきたような表情を撮りたい」といったこちらのリクエストに対して潔く対応してくれたメンバーは、現在も堂々と活躍しているように思います。結婚して母になった姿を見ても、しっかり自分の道を歩んでいるんです。

たとえば、藤本美貴はもともとロングヘアで前髪で顔が隠れるような髪型でしたが、ソロデビューのジャケット写真を撮るとき「すっきりさせて、前髪も眉毛が出るくらいにしたほうがいいんじゃない？」と提案したら、すぐさま「それでいきましょう！」と、本当に潔く納得してくれました。

そして松浦亜弥。僕も彼女のすべてをわかっていたわけではないですが、印象としてはキャピキャピ明るいタイプではなく、14歳にしては落ち着いているというか、肝が据わっていたように思います。

もともとモーニング娘。の妹分的な存在でデビューしましたが、僕は彼女の歌唱力やカリスマ性のようなものに引っ張られて、アイドルよりもアーティスティックな方向に仕上げたくなっていました。

でも、あるとき「あ、このままじゃ彼女は破るべき壁が破れない」とハッとして、一気に方向転換。デビュー曲は衣装や曲調含めて、原色感のある明るい方向にもっていきました。

そのときの、彼女の方向変換への適応力がすごかった！

「はいはいっ、がってん承知しました〜！」という具合に、逐一対応してくれました。

「NO」という拒絶反応ではなく、すべてを受け入れてから自分なりに処理できる子のほうが、小さなこだわりをもつ子より、断然、波に乗ったときの爆発力がありました。

ルール19

自分で決められることは、すべて極限まで自分で決めるクセをつける

「何でも人に聞く」「残念な質問」をする人にならないコツは？

次に、**「自分で決められることは、すべて自分で決める」**ことです。

これ、意外にできていない人が多いように思います。

小さな判断でも「なぜ選んだのか」の裏付けをする

プロとなって勝ち抜いていくためには、**小さなことでも瞬間的な判断が必要**です。

しかもその判断は、**息をするくらい自然に**できるようにならなくてはいけません。

芸能界でも一般社会でも、**日々瞬時に判断しなければいけない場面の連続**です。

そのときに迷ったり、判断を間違えたりすれば、**人生が大きく変わっていく**こともあります。「あのとき、あの道を左に曲がっておけばよかった」「あのとき、あの人と食事に行かなければよかった」なんていうことは、誰にでもあるでしょう。

だからこそ、**自分で決められることは自分で判断するクセ**をつけておくことが大切です。

たとえば、毎日の服装です。

アイドルなら、ステージ衣装は決められていますが、オーディションに行くときの服装は自由です。何を着ていくべきかを第三者に決めてもらうのではなく、**自分自身で判断することが大事**だと、僕は思います。

そして、**「なぜその服を選んだのか」という理由をもって、自分の中でしっかり裏付けしておく**ようにしましょう。

とってつけたような理由でもいいので、**「なぜその服にしたの?」と質問されたときに、**

瞬時に答えられることがとても大事です。

安易に「結論ありき」な質問をしてはいけない

考えれば自ずと答えがわかることってありますよね。

「学校の勉強が苦手なんですけど、芸能界で勉強は必要ですか?」とか「朝起きるのが苦手なんですけど、どうしたらいいですか?」という質問を受けることがあります。

読者のみなさんなら、この質問の答えがわかると思います。

ひとつめは、「勉強ができるに越したことはない」が、「芸能界で生きていくうえで、数学の難しい公式が必要かといえば、そういうわけではない(しかし、勉強ができるに越したことはない)」ということだと思うんです。

2つめは、早起きが苦手でも「時間が決まっているなら、何がなんでも起きるしかない」に決まっています。

少し考えれば結論が出るようなことであれば、**きちんと自分の頭で考えて結論を受け入れる**という思考回路にすべきです。

「残念な質問」をしない3つのポイント

どうでもいい判断を他人に委ねてしまう人は、残念ながら、この先伸びていく可能性を感じられません。

誰かに質問する前に一度踏みとどまって、まずは自分に問いかけてみましょう。

大事なことは次の3つです。

- **質問の時点で「結論ありき」かどうかを判断する**
- **自分で決められることは自分で決める**
- **できないことは、できるよう努力するしかない**

研修生などプロを目指す子たちが、大人（先生）からレクチャーを受けるシーン。基本的にはみんな前向きですから、現場の大人の話を前のめりで聞こうとします。

最後に「では質問がある人？」と声をかけると、こんな質問があがります。

「オーディションのときはスカートと短パン、どっちがいいですか？」

参考までに、この質問に僕が回答してみましょう。

つんく♂
「スカートか短パンか。正直どちらでもいいし、自分で決めるしかない」

では、なぜ迷うのでしょうか。**自分に根拠がないから**です。

普段から頭で「こうしよう」「こうしたい」という**能動的なイメージができていない**から、いつも「これどっち？」「何がいい？」「どうする？」と誰かに聞いてしまうんじゃないでしょうか。

もちろん、自分では決められないこと、先輩や上司、あるいは親や先生に確認をとらなければならないこともあるでしょう。

でも、**自分で決められることは、できる限り自分で決めるクセをつけること**が大切です（**「どこまで自分で決めていいのか」を判断できるようになることも重要**です）。

それを続けることで、自分への根拠と自信が積み重なっていきます。

結論を他人に委ねる人は、いつまで経っても自信がもてないので注意しましょう。

実力を120%引き出す！「伸びしろのある人」の条件⑦

ルール 20

どんな人、どんな職種でも、上達したければ「反復練習」あるのみ！

遠回りのようで、いちばんの近道は「地道な努力」しかない

3つめは「反復練習」の大切さです。

「どうしたら歌がうまくなりますか？」への答え

アーティストの卵たちに「どうしたら歌がうまくなりますか？」と質問されることがあります。

僕ならたった一言、こう答えます。

つんく♂
「反復練習あるのみ！」

これは**どんな人にも、どんな職業にも当てはまるはずです**。

歌でも、ダンスでも、ギターでも、**1年間練習しまくれば、いまより絶対にうまくなっています**。

誰もがAdoや米津玄師、ブルーノ・マーズやテイラー・スウィフトのようになれますか？　と言われたら、それはNOです。

ですが「1年前のあなたより、絶対にうまくなっています」と断言できます。

野球でたとえてみましょう。

キャッチボールができない少年がいたとします。ルールもまだ知りません。そもそもの運動神経もそれほどよくないようです。

それでも、1年間、コーチとともに毎日夕方2時間、野球の練習をしました。

1年後には、この少年が近所の少年野球チームでベンチ入りする程度に成長している可能性は十分あります。キャッチボールすらまともにできなかったあの少年がです。
プロ野球選手にはなれなくとも、もしかすると未来には甲子園球児になっているかもしれません。

人間はそれくらい成長する生き物だと思います。

逆をいえば、世の中に「明日から歌がうまくなる魔法の薬」はありません。

「歌がうまくなる本」を読んでも、「歌がうまくなる食べ物」をとっても、たいした効き目はありません。

でも、**繰り返し練習すれば、必ず！　誰だって！　うまくなります。**

成功に近道はありません。

反復練習という「地味な努力」があってこそ、実を結ぶのです。

真野恵里菜がソロデビューを勝ち取った理由

ハロプロ研修生が全員集まったときは、いつも「反復練習が大事」という話をしてきました。

ダンスでは、ダンベルやバーベルをもち上げるような大きな筋肉をつけるのではなく、ボクシングのジャブの連打、縄跳びの二重跳びのように繰り返しの動きで細かい筋肉を鍛えるのが大事だということを、繰り返し、繰り返し伝えました。

新人が増えるたびに伝えるので、「また同じこと話してる〜」と思われたことでしょう。

当時、真野恵里菜はハロプロ研修生の一員でした。

彼女は目鼻立ちもはっきりしていて、いい意味でたくさんの研修生の中でも目立っていましたが、ヒョロッとして動きも鈍く、ダンスどころか振り付けを覚えるのもやっとという感じでした。

真野には期待もあったので、一度だけ個別に「細かい筋肉をつけることが大事だよ」という話をした記憶があります。「仲間から頭ひとつ抜けるにはいまだよ！」という意味合いと、歌がすごくうまいわけではなかったので、動きを鍛えることでいい目立ち方ができると思ったからです。

それからしばらくして、明らかに真野の動きが変わったんです。

「あれ？　動きが敏速になってる！」

彼女が自主練習をしているところを見たわけではないですが、きっと何らかの訓練（反復練習）をしたのではないかと思っています。

その後、彼女は事務所からも気に入られ、ソロデビューするまでになりました。

もちろん、練習しすぎて体を壊したり、心を病んだりしてはいけません。常にベストに近い状態の自分を保つことも大切だからです。

ベストな状態を保ちながら、とにかく反復練習する。

すべてはここから始まります。

実力を120％引き出す！「伸びしろのある人」の条件⑧

ルール21

「あいまいな質問」はNG！「具体的な質問」をする人が伸びていく

質問の仕方ひとつで、得られる情報が2倍、3倍になる

次は、**「具体的な質問ができる」**ことです。

「質問がより具体的な子たち」が伸びていった理由

質問は、しないよりするほうがいいのですが、「実力を120％引き出す！『伸びしろのある人』の条件⑥」で書いたように、**答えがわかっていることや自分で決められるこ**

とを質問しても、成長しません（ただし、芸能の世界では顔や名前を売ることも大事なので、あえて「手を挙げて目立つ」のも、大事な要素であることは付け加えておきます！）。

僕がプロデュースする中で**「伸びていったな」と感じたのは、「質問がより具体的な子たち」**でした。

✕ **ダメな質問**
「どうやって歌えばいいですか？」

○ **いい質問**
「この場面、歌い方としてAかB、どちらですかね？」
「このセリフは〇〇のあとだから、もう少し大きめの声がいいですか？」

後者は、質問に意味づけができていて、具体的です。

もちろん深掘りしすぎてトンチンカンな質問をする子もいますが（笑）、それはさておき、**具体的な質問が出るということは、そこに至るまで自分で考えている**ということです。

「よりよい情報」「具体的な答え」を引き出すには、「どう質問するか」がカギ

「どうやって歌えばいいですか?」みたいなざっくりした質問をされると、答えるほうも「気持ちを込めて!」「いい感じで!」「自分で考えろ!」みたいに抽象的になってしまうわけです。

「このセリフは○○のあとだから、もう少し大きめの声がいいですか?」と聞かれれば、「そこは君が決めていいよ」「うん。もう少し大きめで」「いや、そこは淡々と」など、こちらも**具体的な返答ができます**。

「この場面、歌い方としてAかB、どちらですかね?」と聞かれたら、答えは「C」だったとしても、教えるほうが**「へー、面白いこと聞くなあ」「そこのところ、たしかにちょっと話したかったんだよな」**と思えれば、**その後の会話にも熱が入ります。**

結果的に、質問した側は得られる情報が増えるわけです。

つまり、「よりよい情報」「具体的な答え」を引き出したかったら、どう質問するかがカギになるわけです。

「質問がある人！」と聞かれたとき、サッと手を挙げて具体的な質問ができるのは、成長する可能性がある人なのです。

Point

具体的な質問ができるのは「自分で考えている証拠」。相手にも熱が入って、いい答えを出そうとしてくれる

実力を120%引き出す！「伸びしろのある人」の条件⑨

ルール22

伸びる人は、叱られるのも立ち直りも上手。「ネガティブなこと」こそ、1秒でも早く、正直に伝える

「失敗の放置」「嘘やごまかし」は時限爆弾になる

最後になりましたが、とても重要な条件です。

伸びる人、実力を120%出せるようになる人は、失敗や問題点を放置しません。

生きていれば、失敗や問題点は、どうしても出てきます。

アイドルなら、「じつはケガをしました」「大事な機材を壊してしまいました」「シューズを忘れてきました」「彼氏との写真を撮られてしまいました」……などなど。

「言えばきっと叱られる」「このあいだもミスしたし、今度は許してもらえないのではないか」という不安もわかります。

でも、**トラブったときこそいち早く相談したほうが、問題を最小限に抑えることができるはず**です。正直に話さなくてはならない相手が家族なのか、事務所なのか、先輩なのか、状況はさまざまでしょうが、**大切な関係であればあるほど、素直に早く情報共有することが大切**だと思います。

と、自分にも言い聞かせておこうっと！（笑）

叱られるのを怖がるより、「叱られ上手」になろう

ちなみに**伸びる人は、叱られるのも上手、立ち直りも上手**です。

「叱られ上手」になるコツは、1秒でも早く報告し、相談すること。

何をどう処理するか、謝罪するか、パニクってる本人はなかなか冷静になれないものなので、**まず相談が大事**です。

ここから再出発するのみです。

1〜2回失敗したとしても、その後はミスのないように気をつけるようになるし、ミ

スをしやすいポイントを仲間と共有すれば、同じミスをしない対策もできます。

いちばんダメなのは、自力でその場だけを乗り切ってしまうっていうパターンです。

これ、大人になっても意外とやりがちなので、本当に気をつけなきゃいけませんね。

その場しのぎを続けていると、もっともっと大きな問題になって降りかかってくるかもしれませんよ～（汗）。

この章のまとめ

- ☑ 自分の枠を取っ払えば、「可能性」は無限にある
- ☑ 成長する人は決して「ＮＯ」と言わない、まずはやってみる
- ☑ 自分で決められることは、極限まで自分で決めるクセをつける
- ☑ 凡人が天才に勝つ最短の道は「地道な努力」。究極のメソッドは反復練習！
- ☑ 自分のミスは隠さず、すぐに正直に報告することで、最小限のリカバリーで済む

第3章

「天才」に勝てるのは、「プロ」である

世の中で本当に重宝されるのは「プロの仕事ができる人」である「天才」「プロ」「アマチュア」の法則

ルール23

ビジネスの世界では、天才はプロに勝てない

「プロの条件」を知り、「究極のプロ」を目指す

・（僕を含め）世の中の人のほとんどは「凡人」である
・その「凡人」が、大逆転で「天才に勝つ方法」はあるのか

というのが、この本のテーマです。
ここでは、改めてその核となる話を進めていきたいと思っています。

経験からわかった「天才・プロ・アマチュアじゃんけんの法則」

僕がミュージシャン、プロデューサーとしての経験からわかったことは、下図のような法則です。

これは、**「天才・プロ・アマチュアじゃんけんの法則」**の勝敗相関図です。

結論を先に言うと、

- 「プロ」は「天才」に勝つ
- しかし、「プロ」は「アマチュア」に負ける
- そして、「アマチュア」は「天才」には勝てない

▶天才・プロ・アマチュアじゃんけんの法則

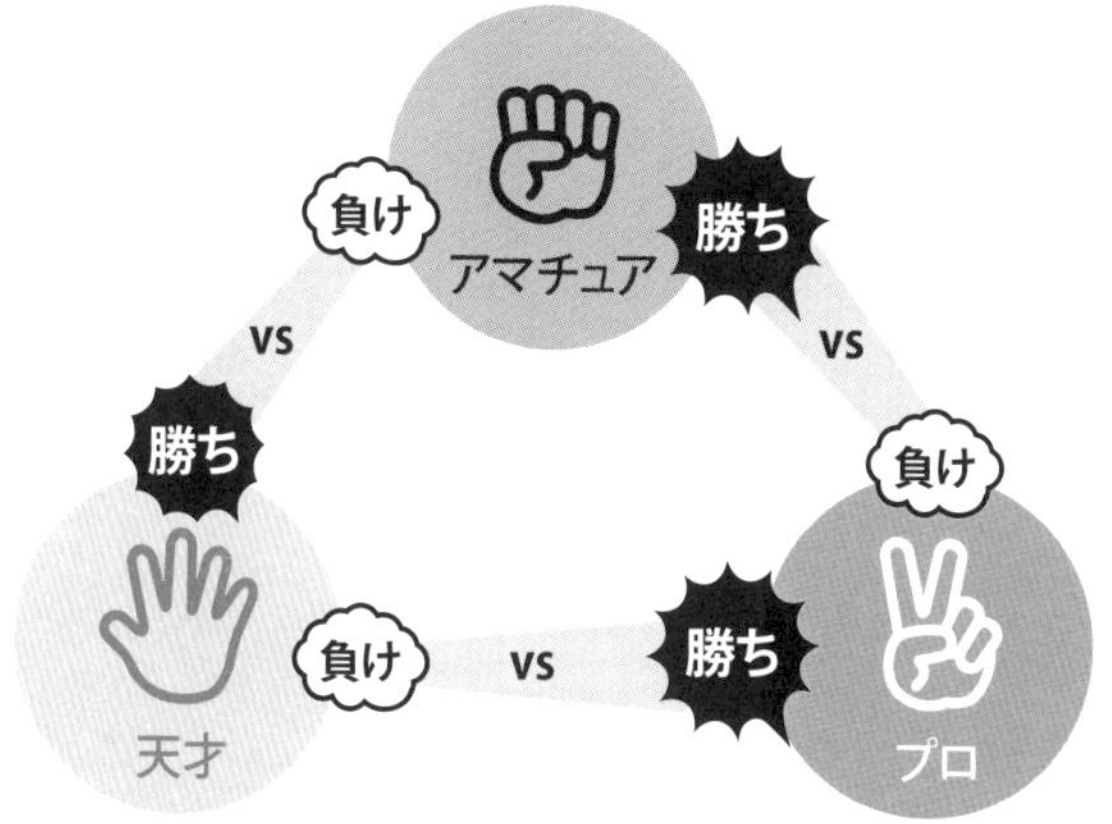

それでは、理由を解説していきましょう。

プロの定義は？

僕はクリエイターとして、プロデューサーとして、何度も**「プロとは何か」**を考えてきました。

プロの定義とは何でしょうか？

プロは、**「ゼロのものを1以上にして価値をもたせ、マネタイズするお仕事」**だと一般的には考えられます。

たとえば魚を釣って、仕掛けにかかった原価に自分の人件費（労働の対価）を乗せ、魚に値段をつけて売る。これは、**「目に見えるモノ」を売るので、わかりやすい**ですよね。

でも、**「頭に浮かんだアイデア」に値段をつけることは、とても難しい**です。目に見えないからです。

せめて絵や彫刻、レコードやCDになれば、「モノ」になります。

しかし、「頭に浮かんだアイデア」を1枚の紙（企画書など）にして価値を感じてもらうのは、とても難しい作業です。

プロと天才は「作品づくりのベクトル」がまったく違う

このことを、作曲という仕事で説明してみましょう。

わかりやすくするために少々極端な話になりますが、その前提で読んでみてください。

僕らプロの作曲家（天才ではない）は、**「需要に対応する能力と、作品を定期的に、安定供給できること」**が求められます。これが**「プロのお仕事」**というやつです。

では、天才はどうでしょう？

天から才を授かるので、いつでも創作ができるわけではありません。真夜中や食事中に、いきなり思いつきます。

それが1カ月後か、半年先か、3年後か、もう一生ないかは、わかりません。

ひらめいたとき、つくりたいと思ったときに始めるのが、天才だからです。

また、天才は自分のつくった作品がいくらで売れようが、どう拡散されようが、さして興味がありません。
天才には「夏がテーマで」「今週中に」「3分半で」といった制約を投げかけることもできません。

湧いてきたものが作品であって、誰かのためにつくるのではないからです。

天才は、これまでになかったような画期的な曲をつくるかもしれません。
その1曲で、一生食べていけるかもしれません。
でも、3年分の稼ぎにしかならなかったら？　次の作品が3年後に降りてくればいいですが、5年後なら2年間は食うことに困ります。

天才は、生きている間に評価されない場合もあります。歴史を振り返ると、生前に大金持ちになった天才は何人くらいいるでしょうか……。

他人の評価やお金がすべてではありませんが、「仕事」という観点で見れば、天才は少々不安定な存在と言えるのです。

結果的に、プロが最強！

プロは天才のように、1曲で一生分稼ぐような突き抜けた作品はつくれないかもしれません。

でも、クライアントから「何月何日までにお願いします」「『サマーバケーション』という言葉を使ってください」「15秒と30秒バージョンでお願いします」というような**諸条件はもちろんのこと、市場が求める必要最低限のクオリティをキープ**します。

情報収集していち早くトレンドを取り入れたり、マーケットを絞り込んだりして、作品をつくることもできます。

実績を重ねながら信用を得て、本来「ゼロ円」だった頭の中のモノに価値をもたせ、値段がつけられ、曲がマネタイズされていく。これがプロです。

プロの条件

- 安定的に供給できる
- ある程度、質を保てる
- 相手の細かい要望に応えられる
- 市場が求めるものを提供できる

さらに言うならＳＮＳ前提時代として「スキャンダルに注意する」「日々の言動に気を配る」など、**社会人としてのマナーやルール、倫理観として、時代に合った常識や感覚**で対応していくことも必要です。

たとえば5年前はＯＫだったものでも、すでに通用しないこともあるでしょう。気をつける点は日々増えているのかもしれませんね。

社会の動きに合わせて、自分をアップデートしていくことも、プロの務めです。

天才とプロ――**ビジネスの世界で重宝されるのは、プロ**なんです。

つんく♂
からの
アドバイス

▼

歴代シングル売上に見る「究極のプロ」作曲家

「まえがき」でも紹介したように、「歴代作曲家シングル総売上ランキング」（オリコン調べ）を見てみると、1位が筒美京平さん、2位が小室哲哉さん、3位が織田哲郎さん、4位が桑田佳祐さん、そして5位が僕、つんくとなっています。

作詞家なら、秋元康さんや阿久悠さんが上位に入るでしょうね。

こういったランキングに登場する人物を「天才」と呼ぶ……のは簡単ですが、凡人の僕が思うに、みなさん「究極のプロ」だと定義したほうが理解しやすいでしょう。

なぜなら、量産できて、クオリティの維持がなされていて、市場の期待にしっかり応えているからです。

実績を積み上げつづけ、時に大ヒットを飛ばし、長期的に結果を出しつづけていく。

これが「究極のプロ」なのだと思います。

安定的に収入を得られるのも「プロ＞天才」

ここまでの結論を言うと、より多くの人に受け入れられ、**安定的に収入を得られるのは、天才よりプロ。「プロ＞天才」という公式が成り立つ**のです。

ならば、「プロ」＝最強じゃないか！　となるわけですが、一概には言えません。

「プロ」はクライアントや市場に支えられています。

「スポンサーの社長の奥様が『このフレーズは嫌だ』と仰っています」「ちょっとイメージが違うんです」というような不条理にも対応しなければなりません。

たとえばテレビ番組なら、「コンプライアンス」「放送コード」「時間尺」などなど、さまざまな縛りに対応したものをつくらなければなりません。

「ひらめいた！」「思いついた！」「これ以外あり得ない！」は通りません。

さまざまな制約を乗り越えたうえで、ベストなものを提供する。

それが**「プロの宿命」**でもあるわけです。

ルール24

自由な「アマチュア」は、制約のある「プロ」より強い

自分の好きなことを、好きなだけやれることの素晴らしさ

さて、**「アマチュア」**はどうでしょうか。

アマチュアは無敵

「好きこそものの上手なれ」「下手の横好き」といった言葉があるように、**お金にならなくても、とにかくやりたくてやっている人**を**「アマチュア」**と呼びます。

アマチュアには締め切りはないし、需要もコンプライアンスも気にしなくていい。

誰にも遠慮せず、自分の好きなように、何をやってもいいのです。

音楽でいえば、30分の曲でも3秒の曲でも、不協和音が続こうがベースラインが3本重なっていようが、めちゃくちゃなピアノの指の使い方だろうが、すべてOK。

売れようが売れまいがどうでもいいし、他人の評価も関係ないし、完成したはずの作品を勝手に書き換えても、誰にも文句は言われません。

これがアマチュアです。

無敵だと思いませんか?

プロがいちばん怖いのがアマチュア

じつは、**僕らプロがいちばん怖いのが、アマチュア**なんです。

僕らは経験を積めば積むほど、「これはお茶の間向きじゃない」「予算オーバーしそう」「これは何かに類似していると言われる可能性がある」など、**ややこしくなりそうな問題を最初から排除するクセ**が身についています。

いつの間にか、**クリエイティビティに制限やフィルターをかけてしまっている**わけです。

でも、アマチュアはそんなことを気にしません。

音楽でも、僕らプロなら使わないような言葉を臆さず選んだり、ＴｉｋＴｏｋやＩｎｓｔａｇｒａｍ、ＹｏｕＴｕｂｅなどで、こちらがハラハラするような作品をアップしたり……。

こういった**自由さは、時に無敵**です。

プロアマ問わずコンペで作品を提出するというような場合、**僕らプロがアマチュアにやっつけられることもある**んです。

アマチュアが強い理由

- **アマチュアは、締め切りや需要、マネタイズなどを意識する必要がない**
- **アマチュアは自由に、何でもやれる**
- **時に、アマチュアはプロを凌駕する**

つまり、**「アマチュア＞プロ」**なんです。

現在はプロの僕が「アマチュア」だったころの話

僕がアマチュアだったころの話をしましょう。

もともとは大阪のアマチュアバンドだった「シャ乱Q」。

当時の僕らは、いまの炎上系ユーチューバーではないですが、「有名になるためなら！」と、少々のルール違反もやってしまっていたように思います。

バンドのステッカーをつくって女子高や短大の通学路にベタベタと貼ったり、休みの日には大阪城公園のストリートライブで爆音を鳴らしたり……。

その節は、近隣の皆様に大変なご迷惑をおかけしました。どうかお許しください。

もしあのころ、ストリートライブのお客さんが集まりすぎて事故やケガがあったらと思うと、ゾゾッとします。

さらには、僕らを日本一のバンドにのし上がらせてくれたＮＨＫの『ＢＳ

ヤングバトル』全国大会でのこと。

応募曲はたしか4分というルールがあったので、4分に編曲して予選をクリアし優勝。で、「優勝者にもう一度演奏を！」となったとき、番組の事情やスケジュールなんて気にせず、無謀にも、勝手にフルサイズの6分で演奏しました。生放送なのに……。

「とにかく人気者になりたい」「ファンを増やしたい」「1秒でも長くテレビに映りたい」という気持ちが、無茶をさせたんだと思います。

当然ながら、こっぴどくお叱りを受けました。最終的には盛り上がったということで、いまとなっては笑い話にしていただいております。

これがもし、Mステや紅白だったら……、二度と呼んでもらえないだろうなあ～（！）という話ですが、怖いものなしのアマチュアだったからやれたんだと思います。

当時の僕らは、まさにアマチュアの極みでした。

プロになったいまでは、絶対に真似できません。

本人の覚悟次第ですが、アマチュアなら何でもアリ！　なわけです。
でも、「つんく♂が言うてたから」って、誰かがどこかで無茶をして、どんな結果になっても、責任をもてませんので悪しからず……（笑）。

ルール25

アマチュアや新人は「プロ気取り」をすると、プロに勝てない。もっと尖って、もっとチャレンジしていい！

「アマチュア諸君の未来は明るい！　アマチュアまじ怖ぇ～！」

ここからの話は、かなり重要です。

僕が音楽のプロ、そしてプロデューサーという立場になり、学生さんに対して講演会などを行うときに思うことを伝えます。

「こっち側」で戦おうとすれば、絶対にプロには勝てない

前項で説明したように、**学生や素人、アマチュアは、ルールや枠組みを気にする必要がありません。**

でも、学校側も「まとめるコツ」や「コンテストやコンペに通りやすい例」を教えてくれます。

もちろん、これらはとても重要で、とくにプロを目指す人は、こういったコツは学んでおいて損はありません。

僕はコンテストなどで、学生さんやアマチュアさんのエントリー作品を見る機会がよくあります。

でも、そこで感じるのは、**上手にまとまった作品がやたら多い**、ということ。

すごくいい感じだけど、どこかで見たり、聴いたりしたことがある感じ。

友達や恋人に見せる（聴かせる）と、「すごい。プロみたい」「カッコいい」「これ流行るんじゃない!?」みたいな感想を得てしまうような作品が出揃います。


でも、**「こっち側」で戦おうとすれば、絶対にプロには敵いません。**

アマチュアが無難にまとめてきた作品程度では、百戦錬磨のプロたちには太刀打ちできないんです。

アマチュアは、もっと尖って、もっとチャレンジしていい

なので、僕は**「アマチュアはプロに勝てる」**という**「じゃんけんの法則」をしっかり頭に入れて、戦うべき**だと考えています。

もっともっとチャレンジしていいんです。

もっともっとむちゃくちゃでいいんです。

荒削りでいいし、ルールから飛び出ていてもいいし、歪んでいてもいいんです。

僕らプロは、そういう部分も含めて審査し、素質を見抜きます。

最初から自分で制限やフィルターをかけてしまっているような作品には、まったく興奮しないわけです。

だからこそ、**現在アマチュアのみなさんは、まだ尖ったまま、荒削りのままでいてほしい**と思っています。

だって、実際にその作品が商業ベースに乗るとしたら、「ここはいいけど、こことここは削ぎ落とそう」「こうまとめたほうが絶対にいい」っていうプロ目線のアドバイスや指示が入るはずですから、**アマチュアのうちは心配しなくていい**んです。

天才は「アマチュアの最高峰」に君臨する

さて、「天才・プロ・アマチュアじゃんけんの法則」、おわかりいただけたでしょうか。

最後に、アマチュアが天才に勝てないのは、**「アマチュアの極み」「アマチュアの最高峰」とも言えるのが「天才」だから**です。

天才∨アマチュア。

「世の中のほとんどの人は天才ではない」ことから考えれば、**プロに勝てるアマチュアが最強**です。

本章の結論として、みなさんがまだプロ以前のアマチュアなら、**最初から世の中に忖《そん》度《たく》して、自分の作品の角をとって丸くしてしまうようなことは絶対にしないほうがいい。**

僕はそう思います。

昨今はアマチュアでもＹｏｕＴｕｂｅなどで作品を発表できるし、再生数や評価についてはプロもアマもなく、カテゴライズも難しい時代です。

でも、アマチュアから人気ユーチューバーになって注目度も収入も増えれば、やはり**プロ扱いとなって常識や倫理感を問われる**ようになります。

現在プロである僕らは、今後も精進してじゃんけんに強い「プロ」にならなければなりませんね。

本章の最後に一言。

「アマチュア諸君の未来は明るい！　アマチュアまじ怖ぇ〜！」

この章のまとめ

- ビジネスの世界では、天才はプロに勝てない
- プロの役割は「ゼロのものを1以上にして価値をもたせ、マネタイズする」こと
- プロは「需要に対応する能力と、作品を定期的に、安定供給できること」を求められる
- アマチュアの可能性は無限大なので、もっと尖って、もっとチャレンジしていい

第4章

「普通の人」でも必ず輝ける！「本物のプロ」になるためのマインドのつくり方

つんく♂流「4ステップ」で仕事の迷いがなくなる！

本章では、僕がアイドルたちに教えてきた「**プロ論**」、そして僕自身が「**プロ**」として**実践していること**を解説していきたいと思います。
エンタメ業界以外の方々にとっても、参考になるヒントがたくさんあると思います。

ルール
26

過度な「謙虚さ」は自分を下げるだけ。遠慮していると、順番は回ってこない

「プロ」なら、常に100％の自信をもって臨む！

日本人らしい謙虚さは、海外では伝わらない

あなたは最近、どんな仕事をしましたか？

その仕事について、誰かにインタビューされたとしたら、どう答えるでしょうか？

「いや〜、途中トラブルが多かったんですが、なんとか終わらせました」

「予算がなくて、なかなか厳しかったです」

「まあ、92点くらいの出来だと思います」

こんなふうに答える人も少なくないのではないでしょうか。

「100点満点です」「自信作です！」ではなく、**まずはトラブルなどのネガティブな話をもってくる**わけです。

日本人らしい謙虚さとも言えますが、これは日本を離れると伝わりません。

海外だと**「じゃあ、あんまりよくないんだ」「本人が92点っていうくらいだから、完璧じゃないんだね」**と、受け取られてしまうわけです。

海外アーティストのインタビュー記事などを読むと、**「みんな自分をちゃんと肯定しているし、したいことをしたいとはっきり伝えている」**と感じます。

いま僕はアメリカに住んでいるので、余計にそう思います。

遠慮していると、順番は回ってきません。たとえば、何か「無料でもらえるもの」があったとして、日本のように誰かが平等に配ってくれたりはしないのです。率先して並ぶ人は何回でももらうし、黙って待っていると「いらない人」と思われます。たしかに、**「そうだよな。生きるってそういうことだよな」**と思います。


日本の文化圏で育ってきたモーニング娘。のメンバーたちも、「謙虚さ」という感覚をもっていました。「私なんて別に」「私みたいな子が」というような気持ちですね。僕はこの感覚自体は日本人らしい、誠実さにつながる素敵なものだと思います。横柄になったり、上から目線になったりしては他人から信用されないからです。

ただ、**「舞台に上がったときや楽曲のインタビューを受けるときは、１００％の自信をもって、自分をアピールしてほしい」**と伝えてきました。

☑ノートに自分の長所と短所を書き込んでみる

以前、モーニング娘。のメンバーたちにこんな講義をしたことがあります。

「ノートの右側に自分の好きな部分やいいところ、左側に自分の嫌いな部分やよくないところを書いてみて」と伝えて、その場でやってもらいました。

するとメンバーのほとんどは、いいところを書くよりよくないところを書くほうが、さらさらとペンが進んでいるんです。

いいところを書き出すのはなんとなく恥ずかしいし、「このあとつんく♂さんが読み上げるかもしれない」「書いた内容がみんなに知られてしまうかもしれない」と思うと、躊躇するのもわかります。

でも、僕はこう言いました。

「みんなが自分のいいところ、よくないところを知っているのはとても素晴らしいこと。でも、**プロとしてこれからも人前に立ちたいのであれば、この左側の部分（自分のよくないところ）を人前で宣伝する必要はない**と思う」

謙虚さは「サボり」や「逃げ」と同じ

いつも謙虚な姿勢でいれば、他人からは「頑張って！」「え～、そんなことないよ」って言ってもらえそうですよね。

でも、それでは**プロとしては失格**だと、僕は思います。

プロとして、攻めなきゃいけない重要な場面で謙虚な姿勢をとることは、「サボり」や

「逃げ」なんです。**恥をかきたくない、人に嫌われたくない、覚悟がない、真剣に向き合っていない**ということです。

昔の僕もそうだったから、わかるんです。

お笑い芸人やタレントさんは、自分のマイナス部分や失敗談を「笑い」や「感動」に変えて、プラスにする芸や技をもっています。彼らは**「トークのプロ」**だからです。

しかし、少なくとも当時の彼女たちは、リスクをともなう自虐トークにチャレンジしたり、必要以上に謙虚になって自分を卑下したりするよりも、**楽しさ、元気、笑顔、やる気、頑張っている姿をファンに届けることが「プロとしての答え」**であると僕は判断しました。

つんく♂
からの
アドバイス

▼

自信のない焼きそば屋さんに会ったら……

モーニング娘。のメンバーたちに、こんな話をしたこともあります。

「焼きそばを買いに行って、店員さんから『今日の麺は昨日の残りものなんですよ〜』『焼きはじめて3カ月の初心者なんで、頑張ってつくりますけど、味はどうかわかりません』って言われたら、どう思う？」

正直なのかもしれませんが、そんなことを言う必要はありませんよね。

せっかくの焼きそばも、なんだか味が落ちてしまうような気がします。

「それよりも『うちの麺はツルツルシコシコですよ！（残りものだと言う必要はない）』『はい、最高の仕上がりですよ！（初心者だと言う必要はない）』と言われたら、安心しておいしく食べられるでしょう？」

言葉ひとつで、同じ焼きそばがランクダウンしたり、ランクアップしたりするわけです。


言葉の印象って、本当に大切です。

みなさんも、**過度な「謙虚さ」を捨て、「自分自身や自社の商品をしっかりアピールする」**ことを大切にしてください。

そうすれば、オーディションだって、就職の面接だって、商品の販売だって、きっとうまくいくはずです。

最後にもう一度言います。

過度な「謙虚さ」は「逃げ」です。**「自信がないこと」の表れ**です。

卑下する必要も、へりくだる必要もありません。遠慮せず、自分を売り込みましょう！

ルール27

令和時代のコミュ力には、「差し引きのバランス」がとくに重要だ

目立つべき場面ではしっかり発言し、引くべき場面では相手の話を聞く

先ほど「自分のよさをアピールすべき」と述べましたが、もちろん、やみくもに前に

出てごり押しすればいい、というわけではありません。

社会の中で生きていくためには、「コミュニケーション能力」がとても大切です。

でも、コミュニケーション能力って、いったい何でしょう。

求められるコミュニケーション能力は、年代や時代によって変わる

求められるコミュニケーション能力は年代や時代によって変わると、僕は考えています。

学生時代のコミュニケーション能力は、「誰とでも仲良くできる」「手を挙げてハキハキ発言できる」など、どちらかというと「元気よく、目立てば勝ち」というような解釈をされがちです。

でも、**大人の世界のコミュニケーション能力**は少し違います。

目立ちすぎれば後ろ指を指されたり陰口を言われたりもするし、ちょっと雲行きが怪しくなると、まわりから去っていく人もいます。

だから、**「目立てばいい」「元気がいい」だけではうまくいかなくなりますし、人との**

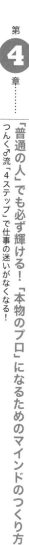

距離感も大切です。

とくにいまの令和時代においては、**「空気を読む」**ことが必要になってきます。

> **・目立つべき場面ではしっかり発言し、引くべき場面では相手の話を聞く**

「差し引きのバランス」が、より重要になっているのです。

すべては「慣れ」。経験に勝る上達方法はない

もちろん、生まれもった性格の差もあるため、つい、グイグイいける人、モジモジしてしまう人はいると思います。

でも、僕は断言します。

すべては「慣れ」である、と。

立場は人を変えると言いますが、学生ならクラス委員や生徒会長、部活のキャプテン、

大人なら社内のチームリーダーや飲み会の幹事などを経験すると、いつの間にか**「その場に合ったコミュ力」**が身についていきます。

ゲームでいえば、経験を積んでどんどんレベルが上がっていくイメージです。

いまの時代はとくに、面倒なリーダーやキャプテンなんて、やりたがらない人が多いんですね。

でも、そういった**「人が嫌がる役割」を率先してやることは、人より頭ひとつ分抜け出す近道**にもなります。

いろいろな経験を通してたくさんの人に接することで、**「このタイプの人にはこう対処したほうがいい」「こういう場面ではしゃべりすぎないほうがいい」といったスキル**が身につきます。

そして、**「差し引きのバランス感覚」が養われる**わけです。

コミュニケーション能力は、じっとしていても上がりません。

「経験に勝る上達方法はない」と考えて、**とにかく経験を積むこと**をおすすめします！

ルール28

「ミッキーマウス」こそ「プロ中のプロ」。「本物のプロ」には、ブレない安定感がある！

暑い日も寒い日も、笑顔でゲストを迎えるミッキーは究極のプロだ！

「プロ」とは、簡単にいえば**「それで食べている（お金を稼げている）人」**ということ。

つまり、**ちゃんと仕事をしている人は、みんな「何らかのプロ」**なわけです。

☑ ミッキーマウスは僕が思う「究極のプロ」

では、みなさんが思う**「プロ中のプロ」**って、どんな人でしょう。

僕が思う**「究極のプロ」**は、みなさんも大好きなディズニーランドにいる、**ミッキーマウス**です。

暑い夏も寒い冬も、ディズニーランドのキャラクターたちは元気にお客さんをお出迎えしてくれます。

だから、僕はいつもモーニング娘。のメンバーたちに**「ミッキーマウスは暑がらないよ」**っていう言葉をかけていました。

実際のところ、真夏の炎天下では地獄の暑さでしょう。しかも、前日に失恋したかもしれないし、じつはお腹が減っているかもしれません。

ゲストには苦しみなど想像させず、ミッキーマウスでありつづける。相当のプロ意識がないとできません。

僕はこれが**わかりやすい「プロのあり方」**ととらえました。

ミッキーマウスはいつも純度１００％、混じりけのない姿で僕らを迎えてくれるから、**老若男女みんなが楽しめるし、テンションが上がる**わけです。

プロとして生きるなら、「気分や機嫌でのアップダウン」をできるだけなくす

当時のモーニング娘。のメンバーはとにかく忙しく、寝不足で朝は機嫌が悪くなって周囲に気をつかわせるメンバーもいれば、個人的な事情で凹んでいるメンバーもいました。

もちろん人間なので自分を偽る必要もないし、しんどいときは休めばいい。

でも、自分の機嫌だけの問題であれば、**「ミッキーマウスの精神」**で**プロ根性**を見せて、お客さんに楽しんでもらえるように心がけるべきだ、と伝えました。

自分の中にこうした**「プロイズム」を意識して築いていく**ことが、**長く、そして多くのお客さんの心をつかむ本質**だと考えています。

- 自分のやるべき仕事をしっかり果たす
- 遅刻しないなど、社会通念上のルールを守る

というのはもちろんとして、プロとして生きるには、

・そのときの気分や機嫌で、アップダウンすることをできるだけなくす

ことが、僕は大切だと思っているからです。

プロであるためには、**「常に一定レベル以上を保つ安定感」**が必要です。

これは、僕自身の持論でもあります。

ミッキーマウスが「プロ中のプロ」である3つの理由

ディズニーランドのミッキーマウスが**「今日しんどいねん」「あつぅ〜」「だる〜」**なんて言っていたらどうですか？

思いっきり幻滅しますよね。

ミッキーマウスが「プロ中のプロ」である3つの理由

・常に「ゲストを楽しませること」を第一にする

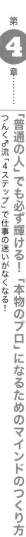

・パーク内では、どんなときも「ミッキーマウス」として振る舞う
・いつも変わらないテンションで、ゲスト（お客さん）にやさしく接する

プロを目指すというのは、**お客さんに何らかの形で喜びを与え、対価をいただくことです。お客さんにどう夢を抱いてもらうかが大切**です。

だから、夢の国のミッキーマウスを目指してほしいわけです。

「ミッキーマウスになれ」と言われてもなかなか難しいかもしれませんが、**「ミッキーマウスのようなプロ精神をもつ」**ことを、心のどこかに留めておいてほしいと思います。

ただし、上っ面だけのペテン師になってはダメです。

お客さんを喜ばせるために嘘をついたり、自分をごまかしたりすれば、最初はよくても、5年、10年経ってから、自分が壊れるか、何らかの綻びが出てきます。

愚痴を言う、弱音を吐く、ダラダラするのは簡単です。

でも、**それをあえてしない、見せないことが「本物のプロ意識」を磨いていく**のです。

お客さんを変える「ディズニーランドの空気感」

少し話はそれますが、ディズニーランドのゲスト（来場者）って、みんなすごく優等生ですよね。

普段はやんちゃしてそうな人たちも、きちんと列に並ぶし、ポイ捨てもしない。みんなマナーがいいんです。

ディズニーランドがつくり出している空気感がそうさせているのだと思います。

夢の国の雰囲気に包まれて、**「ここで悪いことをしてはいけない」**と無意識に感じるのでしょう。

ゲストにそう感じさせるディズニーランドって、すごいですよね。

一般的なお店や会社も同じことだと思います。

いかに「ディズニーランドのような空気感をつくれるか」は大切です。

たとえばアイドルグループの運営なら、心がけ次第でファンやお客さんの質がよくなると思います。おかしな人は「ああ、ここは俺の場所じゃないな」と思えば離れていきます。

お客さんは「プロとしての自分たちの鏡」です。

ちなみに、テーマパークでいえば、僕は個人的に**「サンリオピューロランド」**もすごく好きです。大きくはないんですが、その分なんだかほっとするんですよね。

パーク内の食事もおいしいし、気楽だし、歩く距離も短いから、小さい子どもも「おんぶ〜、抱っこ〜！」ってあまりグズらない。

規模ではディズニーランドに敵いませんが、ピューロランドにしかないよさがあるんです。

ルール
29

最初から「サボる日」を決めておくことで、かえって仕事への意欲が湧いてくる

ダラダラ取り組むよりも、「何もしない日」と「集中する日」のメリハリをつけると、仕事がもっと好きになる！

とはいえ、誰もがミッキーマウスのように常に同じテンションで、完璧に仕事をこなせるわけではありません。

やりたいことはたくさんあるのに、**「時間が足りな〜い」**という人も多いと思います。

僕も、とくにアマチュア時代はそうだったから、よくわかります。

学生をしながら曲づくり、バンドの練習、チラシづくり、お客さんの呼び込みなどな

ど、「いくら時間があっても足りな〜い！」と思っていました。

プロになってから「時間の使い方」が変わった

でも、**プロになって上京してから、「時間の使い方」が変わってきた**ように思います。

何でもかんでも自分たちでやっていたアマチュア時代と違って、**専門分野はほかのプロにまかせる**ことができるようになりました。

そして、**「自分にしかできない部分」に集中して時間を使う**ようになったのです。

具体的には、次のような感じです。

締め切り直前の1〜2日を頑張るのではなく、最初からスケジュールを立てておきます。

もし、時間が1週間あるなら、たとえば次のようにスケジュールを立てます。

- 月曜日　作曲（仕事）
- 火曜日　お散歩DAY（休み）

・水曜日　作曲（仕事）
・木曜日　映画ＤＡＹ（休み）
・金・土曜　連続で作曲（仕事）
・日曜　予備日

最初から「サボる日」も決めておく

たとえば1週間あると、つい最初の数日はサボりがちですよね。

でも、**最初からちょこちょこつくり出す。**

その代わりといってはなんですが、「何もしない！」という日も決めておくのがポイントです。

最初から「サボる日」を決めておくのです。


サボる日は作業はしないけど、街を歩いているとき、電車に乗っているとき、本屋さんに入ったとき、いつでもどこでも、楽曲づくりの**「ヒント」をずっと探しているよう**

な状態で過ごします。

そうすると、普段スルーしていた広告や、ランチをとったお店でかかっていたＢＧＭ、街を歩く女子高生のファッション……などがすべてヒントになって、いろいろな曲が浮かんでくるんです。

そうすると、不思議なもので**「もう早く帰って作曲がしたい！」**という気持ちになります。そういうときは帰って作曲してもいいし、気づいたことをメモしておいて、翌日からじっくり始めてもいいんです。

こういったスケジュールにしてから、作曲するという仕事に流れ、リズムが出てくるようになっていきました。

会社に勤めている場合、僕と同じようにはいかないかもしれませんが、**ダラダラ仕事に取り組むよりも、「何もしない日（あまり仕事をしない日）」と「集中する日」のメリハリをつける**ことで、仕事が好きになるし、より集中できるようになると思います。

つんく♂からのアドバイス

集中力を高めたいなら「3時間の使い方」が重要

人間が本当に集中して、研ぎ澄まされている時間って、せいぜい20～30分が限界だと思います。それが「スーパー集中タイム」と言えるような時間です。

でも、いきなり「スーパー集中タイム」に突入できるわけではありません。

僕が曲をつくるとき、最初の30分くらいは、機材をセットしたり、机の上を片づけたり、気になっていた資料を読んだり、おやつを食べたりもします。

これが導入の時間です。

そして、作曲を始めると1時間くらいで雑念が少しずつ減っていって、「スーパー集中タイム」に入ります。

ピークのあたりでいい感じのメロディや、曲の大事なパートが生まれます。

「スーパー集中タイム」が終わったら、次の30分は興奮を残しつつ、冷静に整理するなどしてクールダウン、その後は休憩を挟むこともあります。

こんな感じです。

その日に使える時間によって変わってきますが、こんなふうに、だいたい2〜3時間でひとつの山をつくります。時間があれば、もうひと山つくって曲づくりを進めます。

じつは、大事なのは最初の30分。

この導入部分で「集中に向かう準備」ができないと、集中できないまま、ダラダラ終わってしまうんです。

ルール30

つんく♂流「4ステップ」で、仕事の迷いがなくなる

とにかくいったん完成させ、「箸を置く」のが大事。それで仕事は熟成する

集中してやった結果、満足のいく仕事ができなかったということもよくあります。

作曲や作詞もそうですが、仕事というのは算数のように、「1＋1＝2」という絶対解がなく、「解ければ終了」というわけにはいきません。

むしろ、**「正解のない世界」といっても過言ではない**でしょう。

「正解のない世界」で、何を目指せばいいのか？

そうなると、どこまでやっていいのか、プロとして何を目指せばいいのかわからなく

なります。逐一適切なアドバイスをくれる人が近くにいればいいけれど、たいていそういうわけにもいきません。

だから皆、迷いつづけてしまうわけです。

迷ってばかりのアマチュア時代

僕も、とくにアマチュア時代は時間の制約がないため、日々「ああだこうだ」とやっていました。

夜中に「できた！」と思ってグースカ寝たあと、翌日にもう一度聴き直して、「あれ？ここはもうちょっとこうしようかな」「ああ、サビのところは別バージョンの歌詞もあるなぁ～」なんて、迷ってばかり。ちょこちょこ直しているうちに訳がわからなくなり、**何が正解かわからないまま数日が経ってしまう**んです。

また、「7割は完成している気がするけど、なんか違うな～」と宙ぶらりんのまま次の曲を触り出すことも。結果、そのままお蔵入り……。

とにかく迷ってばかりでした。

趣味でやるならそれでもいいんです。でも、**プロはそれではダメ**です。
では、どうすればいいのでしょうか？
僕はいつからか次のようなメソッドで作業を進めるようになりました。

迷いをなくすためのつんく♂流「4ステップ」

①時間を決める
締め切りがないものでも、自分で締め切りをつくって、それを絶対に守ります。

②いったん完成させる
いったん完成させることが大切です。とりあえず仕上げて、「箸を置く」というイメージです。

③寝かせる
完成したら、基本はそのまま触りません。そのときの選曲会やシングル候補から漏れたとしても、そのまま寝かせます。半年でも1年でも、ずっと寝かせておきます。

④次のチャンスが来たら、手直しを始める

寝かせていた曲に再提出するチャンスや、選考会に出したりするチャンスがやってくるときがあります。そのときに「今回のテーマならAメロをもう少しこうしよう!」とか、「サビを転調しよう」など、具体的な手直しが見えてくることがあるので、そこで改めて調整します。

「自分が天才じゃない」と悟ってから、この方法を実践しています。

とにかくいったん完成させ、「箸を置く」のが大事

どの場面でつまずいても、とにかくいったん完成させる。下手でも、しっくりこなくても、箸を置くんです。そうすることで、改めて聴いたとき「あれ? このままでええやん!」「あっ、ここだけちょっと変えたらええんや!」となります。

誰かに聴いてもらって、感想をもらってもいいでしょう。

半年、1年と寝かせたあと、熟成するように味が出てくることもあります。

一度離れて、「客観的な視点」で判断すると、これまで見えなかった長所や短所がクリアになって、「根本的な問題点は何か」「どこを修正すべきか」が見えてくるのです。

でも、**いったん完成させないと、なぜかこの現象は起きません。**

大事なのは、**完成したかどうかを決める権限は自分にある**ということです。

いつまでも**「まだだなぁ」「どうかなぁ」って迷っていては、その作品はきっと弱いものになる**でしょう。

自分の中で**「よし、完成！」と箸を置く。**これが大事です。

この章のまとめ

- 過度な「謙虚さ」は「逃げ」「自信のなさ」の表れ。常に自信をもって臨む
- ごり押しせずに、時には「引く」こと。「差し引きのバランス」が大事
- プロとは「ブレない安定感がある」こと
- 誰もが完璧なミッキーマウスになれるわけではないがその精神を目指す

☑ 頑張る日とサボる日を決めておくことで、メリハリが生まれ、仕事の集中力が増す

☑ 迷ったときはとにかくいったんいまの仕事を完成させて、クールダウンしてから客観視してみる

第5章

視点・発想の転換で、仕事がどんどん面白くなる！普通の仕事を「最高の仕事」に変える方法

人を惹きつけるアイデアを生む「5つのコツ」&発想が無限に湧く「3つの法則」

ルール31

ヒットを生み出すには、必ず「引っかかり」をつくる

ヒット曲&ヒット商品の共通点！ 大衆に響くのは「アイキャッチ」や「耳キャッチ」

この章では、「プロ」として生きていくみなさんのために、**仕事のクオリティを上げるコツ**を紹介します。

ほんの少し視点を変えたり、言葉の選び方を意識したりするだけで、仕事がうまく回ることがあります。

ヒット曲には、どこかに「引っかかり」が存在する

「最近のヒット曲といえば？」と聞かれて、みなさん思いつく曲があると思います。

では、「その曲の歌詞の中身までじっくり聴いていますか？」と聞かれたら、「うーん……」となるのではないでしょうか？

サビの部分を鼻歌で歌ったり、ワンコーラスくらい歌ったりはできても、どんな内容かはよくわからないという人が多いのではないでしょうか。

テレビの歌番組のテロップやカラオケの画面で「えっ？　こんなこと歌ってたんや」「わっ、めちゃええ歌詞やん」と気づくケースもあると思います。


つまり、**ヒット曲だからといって、曲の隅々まで大衆に浸透しているわけではない**ということです。

これはどういうことでしょうか。

ヒット曲は楽曲として優れているのはもちろんですが、ほとんどの場合「引っかかり」が存在します。

いわゆる**サビの部分だったり、メロディラインに乗ったフレーズだったり、「耳に引っかかって残る部分」**があるんです。


ヒット商品には、この**「引っかかり」**が重要です。

広告や看板なら、**デザインを含めて目を引っかけるような「アイキャッチ」**や**「コピー」**です。曲の場合は耳を引っかけるので、僕は**「耳キャッチ」**と呼んでいます。

耳キャッチの例は、次のようなものがあります。

1990年のKANさんの大ヒット曲**「愛は勝つ」**の**「し～んぱ～いないからね～」**や、米津玄師さんの**「Lemon」**の**「あの日の悲～しみ～さえ～」「苦いレモンの匂い」**のように曲から飛び出すような部分。耳に残って、つい鼻歌で歌ってしまうフレーズですよね。耳をキャッチする重要なセンテンスです。

僕の曲ならモーニング娘。**「LOVEマシーン」**の**「日本の未来は（Wow Wow Wow Wow）」**、シャ乱Q**「シングルベッド」**の**「シングルベェエ～ッドで」**の部分ですね。

「耳キャッチ」は、日常の中から見つけよう

ヒット曲やヒット商品を生むためには、こういった「耳キャッチ」や「アイキャッチ」がとても大事です。

では、どうつくればいいのでしょうか。

歌詞でいえば、耳キャッチの部分は、歌詞全体の意味や、重要なメッセージを乗せるとかはあまり気にしなくていいんです。

それよりも、**子どもが真似したり、日常生活の中でつい出てきたりする言葉が理想**です。

そういう意味では、DA PUMPさんの「U.S.A.」もうまいですよね。

英語の授業でUSAという言葉が出てきたら、思い出して歌い踊りたくなってしまいます。「U.S.A.」はカバー楽曲ですが、そういう点に着眼してシングルリリースしたのはすごいな〜と思いました。スーパーで野菜のパプリカを見つけたらいつの間にか歌い出してしまうFoorinの「パプリカ」もそうですね。

僕の曲なら、**「ズルい女」の「Bye-Bye ありがとう さ〜よおなら〜」**。子どもが友だちと別れるときに歌ってくれるようなフレーズで、最後に「おならおなら〜」って、ふざけたくなるようなフレーズです（笑）。

懐かしいものだと、**「ちょっと待って！（山口百恵「プレイバックPart2」）」**や**「やだねったら やだね（氷川きよし「箱根八里の半次郎」）」**は、いろいろな場面で使われますよね。

これは完全なるプロの作品です。

このように、**誰もが知るヒット曲には「耳キャッチ」があるという法則**、納得いただけたかと思います。

いまなら、ラーメン屋さんやケーキ屋さんが見栄えのために他店にはないようなトッピングをする。これが**「アイキャッチ」＝「インスタ映え」となってバズる**わけです。

ヒットを生み出すには、必ず「引っかかり」をつくりましょう。

ルール32

人を惹きつけるアイデアを生むコツ②

「自信作」＝「売れる」わけではない。一度や二度の失敗で、自信を失わない

大切なのは回数をこなしながら、「自分の核」をつくること

長年研究を重ねて、努力して、**「よし、絶対売れる！」という商品**ができあがったとします。

そんな商品が、売れなかったとしたら……。

☑ 自信作が売れないこともある。その逆も……

ガッカリですよね。「自分には能力がないんだ。もうこの仕事、やめようかな」と、自信喪失しそうになります。

自分では「素晴らしい」「手応え十分」と思っても、なぜかヒットしない、大衆の心をつかめないというケースはあるものです。

僕の場合、モーニング娘。の「LOVEマシーン」や、シャ乱Qの「ズルい女」「いいわけ」は、**「俺のジャストミートや！　これが売れへんかったらやめてもええわ！」**という気持ちで完成させた曲です。これらは実際にヒットしました。

面白いことに、**その逆もあります。**

たとえば「ミニモニ。ジャンケンぴょん！」は、「面白いって思っているのは、俺だけちゃうかな」「アルバムの必殺技ポジションかな」と思いながらつくりました。

つまり、**「売れてほしいけど、売れないかもしれない……」**と思っていたんです。

たとえるなら、「とんこつラーメンで名高い店が、趣味でつくった抹茶のデザート」みたいな感じです。

「こんなのが出てきたら、俺はニヤッてしてしまうな～」と思ってつくったものが、想像以上に大当たりして、店の人気商品になって、噂が噂を呼んでコンビニでも発売されて、さらに売れちゃった！　みたいな曲でした。

「棚からぼたもち」ではないけれど、**狙っていないのにヒットした例**です。

たくさんのヒットを飛ばせたのは、数を打った結果

なぜ、そんなことが起こるのでしょうか。

本書の冒頭でも述べたように、僕はＪＡＳＲＡＣ（日本音楽著作権協会）に登録されているだけでも、２０００曲以上の曲をつくってきました。

僕の中では「歌詞も曲もええ、話題性も十分！」だったのに、**売れなかった曲**もあり

ます。それがセブンHOUSEというバンドに託した「なんでやねん 心配せんでもええ」という曲。関西のローカル音楽番組で話題になって「これは売れるしかないやろ！」っていう状況で、時代背景やタイミングがハマったらミリオンセラーが狙えるくらいに思っていたのに、ほぼ売れなかったなぁ。いまだに悔しいです。

僕はめちゃくちゃ数を打ちました。

つまり、**たくさんのヒットを飛ばせたのは、数を打った結果**とも言えます。

だから、みなさんもたった一度や二度の失敗で、自信を失わないでくださいね。

「下手な鉄砲も数撃ちゃ当たる」の精神でいきましょう！

それに、確率論だけではありません。

第2章でも書いたように、**回数をこなすことでうまくもなるし、だんだん「自分の核」のようなものが出せるようになる**のだと思います。

ルール33

9人の「まあ、ええんちゃう?」より、1人の「めっちゃ、ええやん!」をつくる

無難な作品には、ファンもアンチもいないし、誰もお金を出しません

仕事をするのは、誰かに喜んでもらえたり、役に立ったりするのが目的です。

そして、喜んでくれる人が増えれば、やりがいもあるし、ビジネスそのものも成功ということになります。

だから、**仕事というのは「やりたいことをやる」「つくりたいものをつくる」のではなく、「たくさんの人に届けたい」という意識が重要**です。

僕自身、曲づくりについては同じように考えています。

正解はないけど、ひとりでも多くの人に反応してもらえるようなものをつくりたい、と。

より多くの人に反応してほしいなら、「無難な道」を選んではいけない

「多くの人に何かを届けたい」というときに重要なのが、**「無難な道」を選んではいけない**ということ。

真逆のように聞こえるかもしれませんが、**10人中9人が「まあ、ええんちゃうの」と感じるものより、10人中1人か2人でも「めっちゃ、ええやん！」と大絶賛するもののほうがいい**と思っています。

もちろん、大絶賛してくれる人が多いに越したことはありませんが、**「まあ、いいか」だけはダメ**なんです。

その商品や作品について、**「感動した」「笑った」「泣いた」「ムカつく」「好かん！」など、強い感情が湧き起こる**。それが**ヒットにつながります**。

熱狂的なファンが多い商品や作品には、アンチもいます。

逆にいえば、**無難なものにはファンもアンチも出ない**んです。

そういう「まあ、いいか」というものに、人はお金を出しません。

「イメージする習慣」「考える習慣」をもつ

僕はもともと東京志向もメジャー志向も強かったので、いつもどうやったら売れるかを考えていました。アマチュア時代も、大阪城ホールを満杯にしているシーンを想像しながら、数十人の前で演奏していました。

人生、いつチャンスが訪れるかわかりません。

明日いきなり1万人の前で演奏することになっても、「ええやん！」「いい曲！」「面白い！」って思ってもらえるようなパフォーマンスを常に模索していました。

そのためには、とにかく頭の中でイメージして、考えつづけていました。

「面白がってもらうには？」「大人も子どもも好きな感じってどんなの？」「衣装はどうする？」など……。

アマチュア時代の「イメージする習慣」「考える習慣」が、プロデューサーになってからも活きています。

「無難さ」を求めるクライアントには……

「たったひとりに刺さるものを」と考えていても、時にはクライアントが「無難さ」を求めてくる場合もあります。

そういうときは上手に無難にまとめるというのも「プロとして正しいあり方」だとは思います。

でも、僕ならクライアントに気づかれないように、こっそり「スパイス」を振りかけておきます（笑）。

人を惹きつけるアイデアを生むコツ④

ルール34

自分の意見を伝えるときは、「熱量」や「愛」をたっぷり乗せる

人を動かすのは相手の「熱量」。熱量によって、仕事に対する姿勢が変わってくる

自分のやりたい仕事をするためには、自分ひとりで勝手にやればいいというものではありません。上司やクライアントなどの**「他人」と意見をすり合わせなければ、仕事は前に進まない**わけです。

かといって、相手の言うがままにやっていたら成長できないし、とくに若いうちは自分の意見を通せないことも多いでしょう。

そんなジレンマを抱えているみなさんに、これまでたくさんの企画を実行してきた僕なりのアドバイスをお伝えします。

他人と意見をすり合わせる3つのパターン

他人と意見をすり合わせるためには、次の3つのパターンがあります。

①お互いの要望を取り入れて、何らかの折衷案に落とし込む
②全折れして、相手の要望を飲む
③譲れない部分は、「ここは〇〇という理由で、どうしてもこうしたいんです！」と、理由をあげて説得し、何らかの折衷案に落とし込む

どのパターンでもうまくいくこともあれば、コケることもあります。
まあ正直、この3つのどれでもいいんです。
僕が重要視するのは、**『熱量』や『愛』があるかないか**」です。

「この企画には命を賭けるくらいの気持ちでやっているから、どうしてもこうやりたい。何かあったらすべて責任をとりますから、やらせてください！」

そこまで言われたら、僕も「わかりました。なんとかしましょう」となります。

でも、ちょっと偉そうな雰囲気の人から、

「イメージと違うんだよね～。そういえば最近話題になっている○○みたいなの、入れられない？」

「いまの流行りってこういうのでしょう～。だから、こんなふうにやってよ～」

なんてテキトーに言われると、温厚な僕もカチンカチンカチンと来て「どんだけわかって言うとんねん！」と思ってしまいます。

結局、**「熱量」**や**「愛」がものを言う**んです。

その大きさによって、相手の対応は変わるはずです。

ルール35

「おまかせします」はNG。「具体的なリクエスト」で、人の気持ちを動かす

「どう依頼するか」によって、結果はまったく違うものになる

前項では、「熱量」や「愛」が人の気持ちを動かし、自分の意見を取り入れてもらえることを書きました。

これ、**誰かに仕事を依頼するとき**も同じなんです。

僕の場合ですが、**「全部つんく♂さんにおまかせします」「つんく♂さんの思うとおりにやってください」と言われると、なんとなく力抜けしちゃって「何つくろう?」って**

ぼやけてしまうことも多々あります。

でも、みなさんもそうではありませんか？

「じつは時間があまりないんです。なんとかなりますか？」

「どうしてもこの子をキャスティングしなければいけないんですが……。なんとかお願いします！」

こういった**「制約」があったほうが「よっしゃ、俺がなんとかしたるわ！」という気持ちになる**ものです。

「障壁」があったほうが燃えるというやつです。

壁を見事突破して、みんなで「やったー！」みたいなブレイクスルー経験は、何ものにも代えがたいものですよね。

「おまかせします！」「自由にやってください」よりも、何らかの制限を乗り越えたほうが、結果的にいいものになったりします。

リクエストは具体的にする。「何でもいいです」より「○○がいいです」

これは職場や恋人同士、家族間でも同じです。

「何が食べたい？」と聞いたとき、「何でもいい」よりも**「○○が食べたい」「○○系が好き！」**と言われたほうが、好感度が一気に上がります。信用度も高くなります。

これはわがままではなく、問いに対して具体的な答えが出せているからです。**「何でもいい」**では、逆に聞いた側が**試されてる感が出ちゃう**わけです。

なので、自分が**リクエストをする場合は具体的な例を2つ3つ織り交ぜる、自分が質問されたときは、具体的な答えを素早く返す。**

これが人を惹きつける大切なポイントです。

これまで僕は、たくさんの楽曲提供やプロデュースの依頼を受けてきましたが、**どんなオーダー（リクエスト）をされるかによって、「やったるで！」と腕が鳴ったときもあれば、なんだか空回りしてしまう**ときもあります。

超腕利きのシェフだって、「この食材が好き（あるいは苦手）です」「結婚記念日です」「年配の方と子どもがいます」など、**ほんのちょっとしたリクエストやエピソードが添えられているだけで、やる気が違ってくる**と思うんです。

だから**「何でもいいです」よりも「〇〇がいいです」と言うほうが、相手に伝わります。**

つんく♂がやる気になったリクエスト

ある楽曲提供の依頼で、こんなリクエストがありました。

「アルバムでのコンセプトがあって『カラフルなイメージ』に仕上げたいんですが、つんく♂さんは『オレンジ』担当でお願いできますか？」

あら、面白いこと考えるやん！　そして、めちゃくちゃやる気が出ました。

「何でも好きなようにお願いします！」

「いつものつんく♂節で、ひとつよろしくです」

「売れそうなやつ、お願いします！」

こういった雲をつかむようなオーダーよりは「オレンジ」みたいなキー

ワードがあると「軸」ができるので、こちらとしてはうれしいものです。

このときは、「甘酸っぱい恋」というテーマも添えてありました。

なるほど！　ほ〜ほ〜、ええやん！　やったるで！　と、俄然やる気になりました。


「修正してほしい」という場合でも、「ちょっと違う」といったあいまいな伝え方ではなく、**「ここをこうしてほしい。なぜなら……」という理由・理屈がわかれば、納得して気持ちよく手直しできる**わけです。なんだったら、イチからやり直すこともやぶさかではありません。でも、それには、**「なぜか」を知って、納得する必要がある**わけです。

だから、**相手にお願いするときの説明、リクエストは本当ーーーに大切**なんです。

これがうまい人って、仕事がデキるようになるし、人から信用されますよね。

ルール
36

「アイデア出し3つの法則」で、発想がどんどん無限に湧いてくる

何も浮かばず困ったときは、「このテクニック」を思い出そう！

「企画を出さなくてはいけないのに、何も思いつかない！」

そんなときって、ありますよね。

では、２０００曲以上の楽曲をつくってきた僕が、**「アイデア出しの3つの法則」**を紹介します。

きっと、いざというときお役に立つはずです。

困ったときの「つんく♂流アイデアの法則」1

「ファミレス」より「ラーメン屋」を目指す

いきなり「歌詞を書いてみて」と言われたら、みなさんどんなことを書きますか？

いろいろ書きたいことはあるかもしれませんが、**まずは的を絞るのが大事**です。

ファミリーレストランって、ハンバーグにステーキ、ピザにパスタ、寿司にうどんにラーメン……みたいに何でもあるでしょう。

そのほうが万人受けするし魅力的のように感じるかもしれませんが、行列をつくっているのは**「うちはラーメンだけ！」「しかも煮干出汁一筋！」**みたいなラーメン屋さんです。

アイデアを出そうとするときは、**ラーメン屋さんのようにまず自分の中で一本筋を通して、そこから広げていけばいい**んです。

困ったときの「つんく♂流アイデアの法則」2

「本音」を出すために「客観的に別視点で見る」

たとえば、中年男性が「若い女性向けの商品を開発しろ」と言われたら、困りますよね。

そういうときのヒントを紹介します。

僕は男ですが、多くの女性アーティストの歌詞を書いてきました。

そして、たくさんの女の子たちに「つんく♂の歌詞、刺さる！」「このフレーズ、大好き！」なんて言ってもらえました。

男性が女性視点の歌詞を書くなんて、照れますよね。

でも、僕の場合は**歌うのが自分じゃないからこそ、入り込めたというか、なりきれました。**

自分で歌うとなったら、カッコつけたり、照れが出たり、回りくどくなったりしていたでしょう。その結果、大事なフレーズに蓋をしてしまっていたかも……と思います。

アイデアは、やっぱり「本音」が大事です。

「自分の本音」を出すためにも、「客観的に別視点で見る」というテクニックを使うといいと思います。

困ったときの「つんく♂流アイデアの法則」3

流行りの「裏側」から攻めていく

「もう何も浮かばない！」というときの超裏技を、ついにお伝えするときがきてしまいました。本当は教えたくないくらいの必殺技です（笑）。

それは**「最近流行ったもの」や「過去の大ヒット作」にヒントがある**のです。

でも、「流行りや過去のヒット作をヒントに類似品をつくる」という発想とはまったく違います。

むしろ、**真逆のこと、裏側**を考えるわけです。

たとえば、少し前なら「おひとりさま」「ぼっち」という言葉がよく使われましたが、この裏側は「皆様」「みんなで」「ご家族様」「お二人様」になります。

さらに発想を広げるなら、ここからは「とんち」でもあり「大喜利」でもあり、「インスピレーションクイズ」みたいな感じです。

「ぼっち」から思いつく言葉として、「いじめっ子」「仲間はずれ」「自由な時間」「ふたりっきり」のような連想ゲームを自分の中でやっていきます。これだけでも、曲のタイトルや歌詞の耳キャッチになりそうなアイデアやフレーズが、てんこ盛りにあふれ出てきますよね。

時代の裏側には「隙間」があります。

それをヒントにして、アイデアを広げていくわけです。

「香水」という曲が流行ったら「匂い」「無臭」「フェロモン」「自然体」「お花」「お香」など。歌詞に出てくるドルチェ&ガッバーナから発想を広げてもいいですね。「無名ブランド」「ノーブランド」「アディダス」など。

「し〜んぱ〜いないからね〜」と言われたら「心配してるよ」という歌詞も書けます。ね、面白いでしょ!?

では問題!「うっせぇわ」と「YOASOBI」で考えてみてください!

答えの例

「うっせぇわ」からの連想ゲームなら「しーんとしてる」「何か話してよ!」「口ゲンカ」。

「YOASOBI」からの連想ゲームなら「昼寝」「朝帰り」「帰宅部」「朝練」など。

いくらでも出てくるし、発想が楽しくなりますよね!

この章のまとめ

- ヒットするものには必ず「引っかかり」がある
- 売れるアイデアを生み出すには、数をこなすことも重要。一度や二度の失敗であきらめない
- 自分の意見を伝えるときは、「熱量」や「愛」を乗せることが大事
- 「何でもいいです」ではなく、「○○がいいです！」のほうが仕事のクオリティが上がる
- それでも何も浮かばないときは、「つんく♂流アイデア出しの法則」で解決する

第6章

令和時代に求められる、「最高のプロデュース力」の磨き方

どんな仕事にも必要な「6つの必須能力」とは？

ルール

37

「プロデュース力」は、この先どんな仕事にも必要になる。「視点」と「思考のクセ」の身につけ方

これからの時代を生き抜くには、「プロデュース力」が必要だ

第3章で、「『天才』に勝てるのは、『プロ』である」と書きました。なら、**凡人の僕らは「プロ」になればいい**わけです。

僕が**令和時代に必要だと考えているのは、「プロデュース力」**です。

AIの技術革新が進み、テクノロジーが代替できる仕事は人間が不要になると言われていますよね。それにこれからの時代、**どんな職業であっても、「受け身で人から言われたことをやるだけ」「前任者と同じことをするだけ」**では太刀打ちできません。

そこで重要なのが、**「プロデュース力」**です。

「プロデュース力」の定義は？

では、「プロデュース力」とはどんなものでしょうか？

簡単にいえば、**何か新しいことを企画・立案したり、人を動かしたり、演出したりする能力**です。

この章では、モーニング娘。をはじめ多くのアーティストのプロデュースをしてきた僕が、**プロデュース力とは何か、プロデュース力を磨くために必要なものは何か**を解説します。

まずは僕が、なぜプロデューサーになれたのかを、お話しさせていただこうと思います。

なぜか少年時代の僕は、祭りを純粋に楽しめなかった

みなさん、お祭りって好きですか？

当然、みんな好きですよね。僕も好きです。

人がガヤガヤ集まって、屋台がにぎやかに並んでいる。それを見ながらブラブラする。楽しいですよね。

僕も、我が子とお祭りや縁日のようなところに出かけてワイワイするのが大好きです。

でも、僕の場合、たぶん大人になってからのほうが素直に楽しめています。

あまのじゃくなところがあった子どものころの僕は、お小遣いをいっぱいもらって楽しんでいる友達へのジェラシー含め、**お祭りを素直に楽しめていなかったように思います。**

おねだりして綿菓子を買ってもらったり、金魚すくいをさせてもらったりしたこともあります。

でも、口に入れた瞬間に「シュ〜」となくなっていく綿菓子を眺めて「この300円で、

近所の駄菓子屋ならどれだけ買えたかな」なんて考えてしまったり。

すくえなくて悔しかった金魚すくいの帰りに、ペットショップで金魚が1匹10円（昭和の値段です。笑）で売られているのを見て、世知辛さを知ったり。

ほかにも、焼きとうもろこしの原価を知ったり、当たりくじや輪投げのからくりが気になったり、素直に楽しめないわけです。

祭りを「仕掛ける側」になったら、180度変わった！

そのころ、地域の商店街が主催する縁日を手伝うようになりました。

商店街の馴染みの兄ちゃん、おっちゃん、おばちゃんたちが、綿菓子、輪投げ、かき氷に、金魚すくいやヨーヨー釣りなど、夕方から店を出すんです。

僕は、この手伝いが楽しくて楽しくて、仕方ありませんでした。

つまり、**縁日を仕掛ける側**になれたんです。

僕は輪投げ担当でした。

いわゆる縁日の夜店のように、型遅れのおもちゃやインチキっぽい時計が当たるのではなく、商店街らしく、高級メロンやスイカ、鯛やうなぎなどが景品です。

だからお客さんたちも、安心して挑戦できるんです。

この輪投げを手伝っていると、ほかのどこかで何か盛り上がってようが、芸能人のゲストが来ていようが、そんなこと気にもならないほど楽しかったんです。

僕はそこで気づきました。

「お祭りは、仕掛けたほうが楽しい」

それが僕の、プロデューサーとしての第一歩だったと思います。

プロデューサーとしての「芽生え」

「大きなお祭りに出かけるより、しょぼくて小さなお祭りでも、自分で仕掛けるほうが楽しい」と、いつしか思うようになっていました。

そういえば、ほかにも僕の「プロデューサー魂」の芽生え（?）と思うことがありました。

つんく♂のプロデューサーとしての芽生え

・小学校高学年では、レクリエーション係になって、楽しい演目を考える
・中学校時代に生徒会長になって、学校全体のイベントを企画する
・中学校初の学園祭で、フォークギターライブを行う
・高校時代は、ダンスパーティーの主催側に回り、パーティー券を売る楽しさを知る
・パーティーでは、スタッフみたいな顔で、ええ感じな大人気分を味わう

「みんなワーワー言っている。人が楽しそうにしている顔を見るのが楽しい」

そんな僕が、最終的にアリーナやドームでライブし、ステージの上で歌うようになりました。じつに楽しい!

そして、僕はあることに気づきました。

一人ひとりが自分の役割を果たしている

ライブでは、大勢の観客の心や視線はステージに集中します。同時にそのステージの裏側では、**さまざまな人が自分の役割に集中して動いている**んです。

僕が衣装に着替えて、メイクもばっちり完了、ステージに飛び出す10秒前、心を落ち着かせるために集中しているとき、客席はどんな感じか、盛り上がりそうかなどが気になるものです。

でも、**誰もが僕のような気持ちで会場の雰囲気を気にしていたら、ライブは成り立ちません。**

ステージに集中するのは現場のマネージャーではなく、現場監督です。

一方、マネージャーはステージに出る直前まで、僕から目を離してはいけないわけです。というのも、出番の直前に一口水を飲みたい、最後にティッシュを使いたいということもあり、大きな音が鳴っている舞台袖でジェスチャーで伝えるので、マネージャーが僕ではなくステージを気にしていたら、僕はステージに立てなくなります。

このように、**何かを仕掛ける、プロデュースする側では、一人ひとりにそれぞれの役回りがある**わけです。

見上げるか、仕掛けるかの「祭りの花火論」

これが、僕の中にある**「祭りの花火論」**というものです。

お祭りの花火大会で花火が上がったとき、遊びに来ているお客さんは「わー、きれいだね」と空を見上げて、パンパンと大きな音で打ち上げられる花火を眺めます。

でも、屋台のお兄さんは「花火が終わったらまた客が動き出すぞ!」と商品の準備を始め、警備の方はスリや万引きが花火に気をとられている人を狙っていないかなど、人の動きを監視しなければいけません。また、花火大会の主催者は、常に安全管理や進行状況に気を配っているでしょう。

祭りの日に花火を見上げる側に回るのか、それとも仕掛ける側、援護する側に回るのかによって、その役割はまったく違ってくることを覚えておいてください。

プロデュース力を磨くという観点でいえば、花火大会の日に花火を見上げるのではなく、**全体を俯瞰できること**。さらにいえば、**各所どこに注力するかを的確に指示できること**。これが重要です。

そうすることで、花火大会全体が安全安心で円滑に遂行されていくことになり、みなさんの楽しい一日とすることができるわけですね。

プロデューサーとしての「視点」をもって参加する

僕と同じように、**「楽しむよりも楽しませる側に回りたい」「仕掛けられるより、仕掛けたい」**という人は、プロデューサー目線があるといえるかもしれません。

ただ、いまの僕は少々割高だとわかっていても、家族と一緒に縁日の射的もビールも素直に楽しめています。

仕掛ける側の苦労を知り、だからこそ、それを楽しんでくれるお客さんがいて、成立することも知りました。それがエンタメなんだと思います。

最初に書いたように、**どんな仕事にも「プロデュース力」が必要になってくる時代**です。みなさんがイベントなどに「参加する側」であっても、次のような視点をもってほしいと思います。

「プロデュース力」を磨く視点

・イベントの目的は何か（主催者や参加者、お金の流れなど）

・イベントの裏側はどうなっているのか（準備や段取り、警備体制、スタッフなど）
・このイベントの長所・短所は何か
・自分ならもっと面白くするために何をするか

常にこういった思考を重ねることによって、「プロデュース力」が磨かれ、いつか必ずみなさんの人生や仕事に役立つはずです。

ルール38

つんく♂流「プロデュース力」を高める「6つの必須能力」の磨き方

「イマジネーション力」「判断力」「適応力」「指示力」「カリスマ力」「バランス力」

これからは、どんな仕事にも「プロデュース力」が必要だと書きました。

前述したように、祭りやイベントなどでは**常に「仕掛ける側」を意識する**というのも大切ですが、**具体的に必要な「6つの能力」**があります。

プロデュース力を高めるには「6つの能力」が必要だ

まず、プロデューサーとは何か。

「そのプロジェクトをゴールに向けて責任をもって進めていく人」と考えましょう。

僕のようなエンタメ業界のプロデューサーも、レストランのプロデューサーも、ショッピングモールのイベントプロデューサーも、求められる能力は基本的に同じ。

小さなコミュニティで仲間が集まるときの幹事役のような「プロデューサー」も、基本的には同じと考えてください。

イメージはできましたか？

それでは、**プロデュース力を高めるための「6つの必須能力」**を解説していきましょう。

自分が何らかの「プロデューサー」となったシーンを想像して、読んでみてください。

「プロデュース力」を高めるための必須能力 1

「イマジネーション力」——ゼロを1に、1を100にする「想像力」

たとえば作曲のように、何もないゼロの状態から何かをクリエイトするだけでなく、すでにある商品や作品を**「○○とコラボすればバズる」「あの店に置いてもらえば口コミが広がる」といったように、1の状態を100にする「イマジネーション力」**が必要です。

そのほかにも、タイトル、ネーミング、キャッチコピーなどで売れ行きが変わるケースはゴマンとあります。

SNSのアイコンやサムネイルのデザインなども重要です。

商品などのネーミングも、歌詞、大喜利、謎かけなども、訓練である程度以上のレベルまでは絶対にうまくなるはずです。**パターンやフォーマットがあります**から。

じつは、**想像力を磨くには、「とにかく訓練するしかない」**んです。

僕も「どうしてそんなにたくさんの歌詞が書けるんですか？」と聞かれますが**「とにかく書いてきた。数をこなしてきた」**と答えるしかありません。

「想像力」の裏には「訓練」「反復練習」があるということを、プロデューサーは絶対に忘れてはいけません。

瞬発的な想像力をもった人には敵わないかもしれませんが、訓練すれば鍛えることができます。

「プロデュース力」を高めるための必須能力 2

「判断力」——秒で即決！ まわりを疲弊させない「即決力」

プロデューサーは責任者なので**「判断力」が必要**です。

「AとB、どちらの案にしますか？」

「この仕事、誰に依頼しますか？」
「これでＯＫですか？」などなど。

日々、判断の連続とも言えるので、**迷っている時間はありません。**

判断力をつけるためにも、**日頃から「即決するクセ」をつける**ようにしましょう。

コンビニに行ってお菓子を選ぶとき、レストランでオーダーするときなど、できるだけ素早く決めるのです。間違っていてもいいんです。

「うーん。どれにしようかな？」と迷いつづけたり、「あっちのほうがよかったかな〜」と後悔するような態度をとったりすると、現場全体が不安になります。

むしろ大事なのは、**判断した結果を「正解」だと裏付けていくマインド**だと考えます。

「昨日はラーメン食べたし、今日は健康的に焼魚、正解だよ」「あっちの店のほうが安かったかもしれないけど、友人にばったり会えたから、こっちに来てよかった」などと、自分の結論を裏付けていくことは、周囲を安心に導きます。

素早い決断とその裏付けで、まわりの人の信用を積み重ねていきましょう。

素早い判断を求められた、モーニング娘。のレコーディング

モーニング娘。のレコーディングでの話です。

メンバーが歌った一節がOK水準かそうでないのか、即決しなければなりませんでした。

「ちょっと合格点に足りないかな〜」ともう1回、もう1回と何度もリテイクしているうちに、本人のテンションが下がって、全体のクオリティが下がっていく……なんてこともよくあるからです。

僕はいつも、歌い終わるか終わらないかくらいのタイミングで「OK!」「もう1回!」などと声かけをするようにしていました。

下手にインターバルがあると、本人もよかったのか悪かったのかで迷ってしまうからです。

慣れてくると「もう1回歌いたいです」「いまのあんまりよくなかったですね」というような、自己判断をしはじめるメンバーが出てきます。

これはこれでいいことなんですが、この一言でディレクションサイドに迷いが生じてくることも多々あります。「もう1回やらせてあげたいな」という情みたいな感情も湧いてきます。そうすると、ほかのメンバーも「私ももう1回」となったりして、レコーディング全体が長くなったり、チョイスする素材が増えたりして、結果的に作品が弱くなることがあります。なので、潔くスピーディーな判断は、多人数のディレクションをするならなおさら大事になってきます。

また、本人が納得するまでやり直すと、たいていは大げさな表現になったり、耳障りで重い感じになったりするものです。いいところを見つけて早く切り上げる。これが大事ですね。

チームで仕事をしているときも、時間を与えすぎると、必要以上のものがあふれてきてしまい、結果的に全体がだらけてしまいます。

手綱をとるプロデューサーは「時間をあやつる判断力」も大事なのです。

新人時代の雑用で「即決力」を磨く

素早い判断力は、いつでも、誰でも磨くことができます。

プロデューサー（リーダー）になってからというより、**新人やアシスタント時代に鍛えるべき**です。

新人時代は「雑用を押しつけられて嫌だ」なんて思うかもしれませんが、雑用こそ判断の連続です。

コピーは何部とるか、会議のお弁当をどうするか、相手にいつ連絡するかなど、**最適解を即決する能力が重要**です。

これからプロデューサーを目指す人は、訓練だと思って、一つひとつ即断してみてください。

ちなみに、**新人時代には「予備（別アイデア）」を2つか3つもっておくことも大切**です。

たとえば、「イベント会場を決めておいて」と言われて、1件しかキープしていないと、イベントの参加人数や方向性が変わったときに瞬時に対応できません。

いくつか予備の提案をもっておくと、「こいつはできる！」ということになります。

「プロデュース力」を高めるための必須能力 3

「適応力」——ピンチのときこそ、真の力がわかる!

仕事をしていると、さまざまなトラブルがあります。

「クライアントの意向が変わりました!」

「ゲストが急に来られなくなりました!」

「必要なデータがまだ届きません!」などなど。

そんなとき、「じゃあ無理。中止だ!」「そんなんじゃ、つくれねえ!」なんて**こだわり職人のようなことを言っているようでは、一流のプロデューサーにはなれません。**

一流のプロデューサーは、**どんなトラブルにも即座に対応し、**

「ここを変えれば修正が最小限で済む」

「○○さんなら呼べるかもしれない」

「データなしでもプレゼンはできるだろう」

など、すぐに次のアイデアを出します。

なんだったら「これがなくなった分、新しいものを入れられる」など、ハプニングを活かして、もっといいものに仕上げます。

プロデューサーには常に余裕をもって、臨機応変に修正できる「適応力」が求められます。

こだわりが強すぎると、完成形が頭の中で固まってしまい、方向転換ができずに適切な対応ができません。

あとでもう一度説明しますが、プロデューサーにそんな頑固なこだわりは一切必要ないと思ってください。

つんく♂
からの
アドバイス

社会の動向を見ておくことも必要

いざというときに適切な対応をするためには、社会常識を身につけ、日本や世界の政治経済の動向も見ておかなければいけません。

「いまの時代、その言葉は使えない」「他国で有事の際に、この表現は無理」といったように、プロデューサーならコンプライアンスやタブーにも敏感にならなければなりません。

「プロデュース力」を高めるための必須能力 4

「指示力」──相手の行動だけじゃなく、心を動かすための「説得力」

プロデューサーには、**チームメンバーや部下への「指示力」**も大切です。

たとえばアシスタントに、パーティー会場を探してもらうとき。

こういうとき、**「じゃあ、やっておいて」**と**「全部まかせる」のは間違い**です。

自分のイメージに近い会場とは異なる会場を提案され、「なんでできないんだよ！」「それくらい考えろよ！」となりがちです。

「8～9割の指示」をして、残りは相手の決断力にまかせる

大切なのは、**「8～9割の指示」をして、1～2割は相手の決断力にまかせる**ことです。

パーティー会場なら、参加人数、場所のイメージ、時間帯、食べ物、飲み物、広さ、スタッフの対応力、二次会への移動距離などなど、ヒントを出してあげる。

これが上に立つ者として、とても大事です。

イメージと違う会場を選んできたら、自分の指示がうまくなかったと考えましょう。

重要な場面では、プロデューサーがどんな指示を出すかがカギになります。

指示の良し悪しで、結果が180度変わることもあります。

指示の割合は臨機応変でOK

「8～9割の指示」が大事と書きましたが、割合は臨機応変に変えてもOK。

新人や部下に対しては、「今回は多少失敗してもいいかな」という余裕があるときは、「全部自分でやってみて！」と、あえてまかせてみるのもいいでしょう。

ひとまずは「1から10まで」完全な指示を出す訓練をしてください。

そうすると自分の考えがまとまるし、新たな問題点が見えてくることもあります。

「相手に向き合って指示することで、自分自身もグレードアップする」と考えましょう。

人の心を動かすためには「情熱」を加える

「指示力」を磨くことで、いつの間にか**「相手に自分の気持ちを伝える説得力」**もついてきます。

「指示力」＝「説明力」だからです。

予算を上げてもらえるように交渉したり、企画を実現するために相手を口説き落としたり……。

こういったとき、**大切なのは「情熱」**です。

「なぜそうしたいか」「なぜそうしたほうがいいのか」。自分の中に確固とした情熱や信念がなければなりません。

言葉巧みにきれいごとを並べたり、馴れ馴れしく「お願いしますよお〜」と頼んだりしても、人の心は動きません。

人に指示するにも、説得するにも**「きちんと説明する力」**が必要ですが、そこに**「情熱」が加わることで、相手の心を動かせる**のです。

「プロデュース力」を高めるための必須能力 5

「カリスマ力」――人気者であり、嫌われ者でもある

プロデューサーと聞くと、**花形の職業**というイメージがあります。

そのせいか、よく「プロデューサーには『カリスマ力』が必要」なんて言う人もいます。

でも、**最初から「カリスマ力」がある人なんていません。カリスマ力やオーラは、あとからついてくるもの**だからです。

それまでごく普通だった人も、成功すれば当然いっきに株が上がります。

「あのヒットCMをつくった人だ」

「あのバラエティ番組のP（プロデューサー）だよ！」

「あの人気ゲームのプロデューサーだって！」となれば、急にカッコよく見えたりします。

つまり、**「カリスマ性」＝「結果を出せたかどうか」**です。

だから、ファッションや持ち物で「プロデューサー風」を気取っても、あまり意味がありません。個人的には清潔感があれば十分だと思います（笑）。

つんく♂からのアドバイス

アイドルのオーラやスター性は、あとからついてくる

みなさんは、実際に芸能人やアイドルに会ったことはありますか？

有名な広瀬すずちゃんに実際会ったら、「信じられないくらいかわいい！」「オーラすごい！」と思う人も多いでしょう。

有名女優さんはもちろん、よく知らないアイドルグループにたまたま会う機会があったとしても、「わっ、キラキラしている～」「かわいい～」「オーラがある〜」と感じるはずです。

アイドルグループに所属している子たちのほとんどは、もともとごく普通のド素人。いわゆる地味な子も多いです。街を歩いていても声をかけられるようなこともなく、最初からキラキラしていたわけではありません。

実際にアイドルになって、がむしゃらに頑張り、与えられたチャンスを一つひとつつかんできたからこそ、オーラやスター性がついてきたわけです。

そして、いいことばかりではありません。

人気が出たり、有名になったりすれば、周囲からやっかまれたり、ライバルに煙たがられたり、意地悪されたりもするでしょう。

プロデューサーとして成功すれば、陰口を言われたり、怖がられたり、炎上したりすることもあるでしょう。

人気が出れば、必ずアンチも出てきます。

でも、**SNSで批判されたり、メンバーに嫌われたりすることを恐れていては、情熱が鈍り、中途半端な結果になります。**

「結果を出すためには、嫌われることも厭わない」という精神も大切です。

時には「カリスマ」なんて呼ばれることもあるけど、**「嫌われるのもプロデューサーの仕事」**くらいに考えておきましょう。

「プロデュース力」を高めるための必須能力 6

「バランス力」——長続きさせるには必須！

ここまで5つの能力について説明してきましたが、最後は**「バランス力」**です。

じつは、**いちばん大切なのは、この「バランス力」**です。

繰り返しますが、プロデューサーとは、**「そのプロジェクトをゴールに向けて責任をもって進めていく人」**です。

チームをまとめる力、部下を動かす力、予算をうまく振り分ける力、クライアントをはじめ一緒に働く人への気づかい、時代への適応力など、さまざまな力が必要です。

つまり、「バランス力」が必要になるのです。

天才的なひらめきや創作力があれば、一時的には成功するかもしれません。

でも、**成功を長続きさせるには、突出した能力ではなく、バランスが重要**になります。

大成功して「時代の寵児」などと呼ばれる人は、これまでにもたくさんいました。

しかし、人間として何か欠けている部分があると、そこからいっきにどん底に落ちてしまう……なんていうことも。

「成功者＝幸せ者」ではないということも、ここで伝えておきます。

瞬発力だけじゃなく、「息の長さ」も目指そう！

ヒットを生むには瞬発力も大切ですが、同時に**長期にわたって売れつづけることも大切**だと思っています。

僕がつくったモーニング娘。の「LOVEマシーン」は、初週より2週目、3週目と、じわじわ売上が伸びていきました。

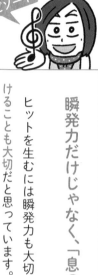

当時は発売から数週間でドカッと売れて、あとは下がっていくケースが多かったのですが、「LOVEマシーン」は9月リリースから年末までずっと売れつづけました。

年末の紅白歌合戦に出ると、翌年も引き続き支持される楽曲となりました。とにかく息が長かった！

思えば、シャ乱Qの曲も比較的息が長く、「シングルベッド」「ズルい女」「いいわけ」など、何カ月も有線のリクエストランキングやカラオケランキングの上位にチャートインしていました。

2022年には、米津玄師さんがアニメ『チェンソーマン』OP主題歌「KICK BACK」で、モーニング娘。の「そうだ！ We're ALIVE」の歌詞やフレーズを引用されました。

もう20年も前の曲ですが、こういうのも、うれしいですね。

つんく♂
からの
アドバイス

言葉遣いやマナーも大切な令和時代

言葉遣いやマナーといった部分も大切です。

「彼、すごいんやけど、なんか小汚いよね」「タクシー乗ったら、なんであんなに偉そうなんだろ」と言われるような人は、やはり長続きしないように思います。

「演技が天才的」「ギャグが最高」「株で大儲けした」など、秀でるものがあったとしても、人間として信用されないと、時代ウケはしません。

そして最後に、**「謙虚さ」**も大切です。

「出る杭は打たれる」からこそ、**常に謙虚な気持ちを忘れないでほしい**と思います。

僕自身、**「知らない間に横柄になってないかな?」**と自分を戒めます。

ということで、「プロデュース力」を磨くために必要なのは、次の6つ。

①イマジネーション力
②判断力
③適応力
④指示力
⑤カリスマ力
⑥バランス力

「プロデュース力」が求められる仕事の人には、とくにこの**「6つの能力」**を磨いてほしいと思います。

ルール
39

余計な「こだわり」や「プライド」は捨てる。ただし、どうしても譲れないものは貫き通す！

こだわりをもちつつも、時には折れる。線引きができてこそプロ

☑ プロデューサーに「不要なもの」もある（おまけ）

「6つの必須能力」を紹介しましたが、おまけとして、「プロデューサーに不要な能力」も紹介しておきましょう。

プロデューサーになるために不要な能力

余計な「こだわり」や「プライド」――これがあると邪魔になるだけ！

プロジェクトや作品づくりを邪魔するのは「こだわり」や「プライド」です。

ただ、すべての「こだわり」や「プライド」が悪いわけではありません。

どういった「こだわり」や「プライド」が邪魔になるのか、線引きが難しいので説明します。

たとえば、僕が作品をつくるときは、**「つんく♂プロデュース作品」としての水準を下げるわけにはいかないという「つんく♂基準」**があります。

この基準というのは、たとえば日本の水道水としての安全基準のようなもの。

つまり、「飲料として安心して飲める」みたいな感覚ですね。

おいしいかどうかだけなら、たしかに自然な山のひんやりした湧水のほうがおいしいでしょう。でも、処理されていないので安全かどうかはわかりませんね。

この基準は、僕がプロとして守らなければならないもので、**余計な「こだわり」や「プ**

ライド」あるいは「頑固さ」とは別物です。**基準を維持しつつ、余計な「こだわり」や「プライド」のようなものをどう排除するかが大事**なのです。

「これは時間がかかったから譲れないんや！」というこだわりや、「俺のだから意見を曲げるのは嫌だ」というようなプライドは、まったく必要ありません。

時には譲り、意見を曲げることが必要な場面もあります。

その線引きができるかどうかも、プロデューサーの大事な能力なのです。

マニアックな作品にはしない。重要なのは「納得幅の広さ」

モーニング娘。のデビュー以来、僕なりに一貫してやってきたことがあります。

それは「マニアックだと感じさせるような作品にはしない」ということ。

プロデューサーの独りよがりだったり、アーティスト自身をヨイショしたりするような弱腰の作品はつくらないと決めていました。

常に攻めの姿勢で、しかもポピュラリティー（大衆性）があるもの。

これが基本方針でした。

幼稚園に通うような小さな子から僕らのような大人まで、好きになってもらえるような「納得幅の広さ」、それがモーニング娘。らしさであり、醍醐味でもあります。

「マニアックな作品にしない」という意味で少し目線を変えると、たとえば「幼児向けの曲だから」「小学生向けの番組だから」など、最初からターゲット層がわかっていたとしても、そこに当てにいかないように心がけました。

「こういうの、お子さま好きですもんね〜」みたいな感じでつくると、たいてい子どもはそっぽを向きます。

子どもだって、刺激を知っています。歌詞の内容はともかく、音やサウンド感は大人が「刺激的！」って思うくらいでちょうどいいと僕は思っております。

「ちょこっとLOVE」や「ミニモニ。ジャンケンぴょん！」などは、子ども市場でもガッツとヒットしましたが、それは結果論。僕的には尖ったサウンドが「納得幅の広さ」の中にあったから、大人も子どもも気に入ってくれたのではないかと考えています。

僕個人としては、プロジェクトを完遂させるには、**余計な「こだわり」は捨てて、どんどん「新しいもの」「新しい考え方」を取り込んで新陳代謝をよくする**ことが、とても重要なのではないかと思っています。

こだわりのない僕がこだわった、「たった2つのこと」

プロデューサーとしては、僕はかなりこだわりのないほうだと思います。

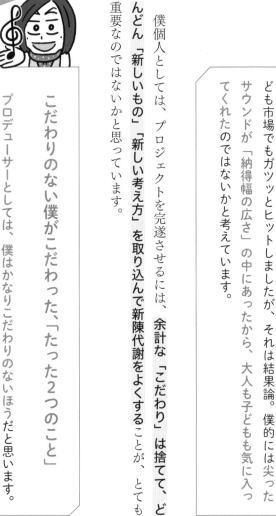

クライアントの意向も考慮しますし、正当な理由があれば方向転換もします。もちろん、スケジュールも守ります。

そんな僕が、モーニング娘。などのプロデューサーとしてこだわってきたことが、2つあります。

①メンバーと一緒にカメラに映らない

モーニング娘。を立ち上げたころ、テレビ東京の『ASAYAN』スタッフに、いつもこうお願いしていました。

「俺とメンバーを同じフレーム（カメラに映る範囲）に入れないでほしい」

その理由は、僕自身がアイドルグループのファンだったとき、プロデューサーや作家さんとメンバーが世間話をしていたり、なんてことない感じでレコーディングしているシーンを見るだけで、なんだかさみしい気持ちになったのを覚えていたからです。

デレデレと戯れ合っている感じでなくとも、「俺ら（一般人）の知らない世界の中でこの人らはつながっているんだ。なんかムカつく！」と思ったのです。

後々「結局、デキてたんかい！」みたいなのも、ファンなら完全にしらけますよね。もうファンの時期を終えていたとしても「あのときそうやったんかい！」みたいな。

なので、デビュー当初はとても気にしていました。

メンバーとは、距離を詰めないように、ひいきにならないようにしていました。

地味なこだわりでしたが、これはモーニング娘。の初期設定として、固定ファンがある程度つくまでの作戦としては間違っていなかったように思います。

②プロデュースしたものに対して、プライドをもつ

2つめは、プロデュースしたものに対して、プライドをもつこと（この場合のプライドは、余計なものではなく、必要なものです）。

たとえば、「名称」です。

モーニング娘。は、「モー娘。」「娘。」などと略されることも多いですよね。もちろんマスコミやファンのみなさんが略すのは自由ですが、公式の文章やコメントはどんな場合でも「モーニング娘。」とフルで表記しました。

これは、モーニング娘。としてのブランドを根づかせるために功を奏したと思います。スタッフもメンバーも、自ら略語を使わないことで、自分た

ちにプライドをもつことにつながったように思います。

些細なことのように思えるかもしれませんが、こういったこだわりが、後々効いてくるように思います。

この章のまとめ

- 常に仕掛ける側の視点をもち、ブームの裏側を分析する
- プロデューサー（組織のリーダー）に必要なのは、「①イマジネーション力」「②判断力」「③適応力」「④指示力」「⑤カリスマ力」「⑥バランス力」である
- プロデューサーには、余計なこだわりやプライドを捨てる「柔軟性」と、譲れないものは貫き通す「強さ」が必要

第7章

自分の可能性を広げるために「とにかく今日からできること」教えます！

誰でも実現できる！「キラキラの人生」の手に入れ方

ルール
40

人生をキラキラさせたいなら、まずは「目標」と「計画」を立てる

目標に向かっている人は、いつも輝いている！

ここまで、「凡人」である僕らが「天才」に勝つために、**自分の才能の見つけ方・伸ばし方、「プロ」としての考え方**などを紹介してきました。

最後の第7章では、みなさんの人生をさらに輝かせるために、**隣の誰かよりも頭ひとつ抜きん出るためのヒント**をいくつか紹介します。

今日から実践できることばかりなので、参考にしてみてください！

☑ **常に「目標」と「計画」をつくっておく**

どんなことでも構いませんので、**「目標」と「計画」**を立てましょう。

目標は、社会人なら「2年以内に○○の資格をとる」「企画を年間5本通す」、学生なら「卒業するまでにヨーロッパ旅行をする」など、何でもOK。

「3カ月で3キロやせる」「1年で100万円貯める」「今年中に断捨離して持ち物を半分に減らす」というように、仕事や勉強に直接つながらなくても大丈夫です。

そして、その目標に対して、**「そのために何をするか」「どんなステップで行うか」**を決めていきます。

この、**計画を立てることが、めちゃくちゃ大事**なんです。

自分を常に「目標に向かう計画の中にいる」状態に置くわけです。

不思議なことに、それだけで人間、輝きます。

何の目標もなく、計画もなかった毎日に比べると、「自分が目標に向かう道筋にいる」というだけで、**生活態度や顔つきまで変わっていきます。**

計画はできるだけ細かく日割りして、「小さな目標」を決めておくと効果的

このとき、計画をできるだけ細かく日割りして、**「小さな目標」を決めておくと効果的**です。

3カ月で3キロやせるなら、「半月で0・5キロ」という具合です。

計画どおりにクリアできると自信が出てくるので、ますます輝きが増してくるでしょう！

目標達成のための計画を決めたら、**「ダメだったときの保険（代案）」を複数つくっておく**こともおすすめします。

ダイエットがうまくいかないと、やけになって「食べちゃえ！」となったり、資格試験に落ちると、ガックリきて「もう何もやる気がしない……」となったりしがちです。

計画がひとつだけだと、その計画がおじゃんになった瞬間に、すべてのやる気を失ってしまうのです。

そのとき、ほかにも目標があれば、切り替えができて、また目標に向かって頑張れるわけです。

ルール41

「印象的な人になる」ためには、ニッチな趣味や得意技を2つ以上もつ

「変わった趣味」をもっているだけでも、十分なセルフプロデュースになる

さて、本書もいよいよ大詰めに差しかかってきました。

これまで、**ヒットを出すため、プロとして活躍するために、さまざまな考え方を自分の中で理解し、消化していくことが必要**だと、みなさんにお伝えしてきたつもりです。

前章のルール38では、バランス力が大切と書きましたが、この章ではまたまた「個性」

のお話をしてみたいと思います。

自分をアピールするためには、「個性」が必要です。

では、個性って何でしょう？

趣味や特技＝個性につながる

個性とは、**誰にでもある「その人らしさ」**のこと。でも、俗に言う「個性的」という言葉って、目立つ人に使われますよね。

めちゃ背が高いとか、派手めの服が好きとか、パッと見でわかりやすい外見的な個性があればいいけれど、たいていは埋もれてしまいます。

では、個性をアピールするにはどうすればいいのでしょうか。

手っ取り早いのが、**趣味や特技**です。履歴書やエントリーシートなどに自己紹介欄があるように、**趣味や特技＝個性につながる**わけです。

だから、**まずは趣味をもつ**こと。

無趣味よりは、趣味があったほうが絶対にいいです。いきなり特技は難しいかもしれませんが、趣味なら誰でももてますよね。

マニアックになれば、より個性が際立つ

そのとき、**少しだけニッチな趣味や特技なら、なおよし**です。

読書やゲーム、映画鑑賞といった趣味もいいのですが、**あまり人がやっていないことは少しマニアックな印象が残るし、人と話をするときのネタにもなります。**

たとえば、普通の映画ファン、食べ歩き好きというだけでなく、**「ホラー映画が好き」「二郎系ラーメンならほぼ食べた」**など、マニアックな部分があると強みになります。

ポイントは「熱く語れるかどうか」

さらに大切なポイントが**「熱く語れるかどうか」**です。

「K−POPが好き!」でもいいですが、「韓流スターのことなら、1980年代からがっつり語れます!」みたいな**マニアック感があると、それだけでセルフプロデュースにもなる**わけです。

人が集まったときにその話題を出せば、「えっ、何それ？」「どういうこと？」と話が弾みますよね。

つんく♂からのアドバイス

▼

マニアックな話題のマシンガントークはNG！

ただし、ここで勘違いしてはいけないのは、他人は本気で「何それ？」と思っているわけではなく、その場のノリで聞いていることも多いんですね。いきなりマニアックな話題でマシンガントークをしないように気をつけましょう。

導入部分やサワリの部分をざっくり話して、相手の反応を見ることも大切です。

いくら昆虫マニアでも、他人に昆虫好き仲間になってもらおうと説得してはダメですよね。ここ、大事なポイントです。

いちばん大切なのは、その**ちょっとマニアックな趣味への「愛」や「熱量」が伝わる**こと。「ちょっとイタいな」くらいでもいいんです。

本来なら言いたくないというか、ちょっと恥ずかしいくらいの趣味や特技をいかに面白おかしく、そして時にちょっとイタめに、他人に語れるかがカギです。

さらに、そういった**趣味や特技を「2つ以上」もっていれば最強**です。

先ほどの例でいえば、ホラー映画は苦手な人もいるし、二郎系ラーメンにまったく興味がない人もいます。そんなとき、サッと別分野の話題に切り替えられれば最強です。

趣味をもつと文化圏が広がり、人生に「厚み」が出る

趣味をもつことのメリットは、自分の文化圏が広がるということです。

普通は、会社か学校、家族、友人くらいしか文化圏がないものです。

趣味のサークル仲間や同好の士というコミュニティをもつことで、文化圏や行動範囲が広がります。社交の場でもあるので、**人とのつながりも増えます**よね。

たとえば、**「土日はバイク仲間とツーリングに出かけます」「Jリーグのサポーターです」「アイドルの追っかけやってます！」**など。

「じつはSNSのフォロワーが5万人いて、ネットコミュニティの中で楽しんでいます！」みたいなのでもいいですね。

会社の同僚が知ったら驚くような文化圏をもっている人は、**それだけでキラキラして見えるし、なんだかうらやましく感じる**ものです。

会社でいつも同じ仲間と接していると、話題も、得る情報もなんとなく似てきますよね。

「あっ、知っている〜」「またこの話かあ」と刺激もなくなり、人生が退屈になります。

普段の生活のほかにコミュニティをいくつかもっていると、そこで得た情報や知識が、同僚や家族との会話のスパイスにもなってくれるのです。

ときには、「え？ そんな人と知り合いなの？ どこで？ どうして？」みたいな人脈があれば、一目置かれることもあるでしょう。

みなさんも、ぜひ、ニッチな趣味や特技を見つけましょう！

つんく♂からのアドバイス

「ミステリアス」って、それだけで魅力的

ニッチな趣味をもつことで、「あいつ、土日何しているんだろ」「あの子、空手の黒帯らしいよ」というように、「ミステリアス」な自分を演出することもできます。

同僚や友人が知らない「謎の部分」があると、人間はとても魅力的に見えます。

「あの子ちょっと、謎めいているんだよね～」と思われることは、「あなたに興味がある」≒「魅力的」ということです。

ただし、ミステリアスといっても、いかがわしい場所に出入りするというような意味ではありませんので誤解なきように。

そして、「秘密主義」と「ミステリアス」は別物なので、勘違いしないでくださいね！

ルール
42

「売れる人」「人気者」になるための、「面白エピソードトーク」の磨き方

人の心をつかむのは「真面目な話」よりも「失敗談」

正直、アイドルとして「売れる」状態になるには、ガツガツ前に出るくらいでないといけません。

「1秒でも長くテレビに映りたい」そのくらいの気持ちが大切です。

☑「売れる」ためには「具体的なエピソード」を話せるようになろう

僕が「売れる」ためにメンバーたちにアドバイスしたのは、**「具体的なエピソード」を話せるようになること**、でした。

歌番組に出演しても、歌って踊って終わり、では印象に残りません。

自分がどんな人間かをアピールして、ファンに好きになってもらうには「話をする」ことがマストです。

自分のことでも、メンバーのことでも、何でもいいんです。

「もし話を振られたら、これを話そう」という話のタネをもっておくわけです。

そしてそのエピソードは、**具体的であることがポイント**です。

「夢があります」「○○を目指しています」みたいな抽象的なことよりも、「家のカギをかけ忘れたかも！」「楽屋弁当を食べ損ねた！」みたいな話のほうがツッコミどころがあるし、盛り上がります。

くだらなくてもいい、10秒で終わる話でもいいんです。

具体的なエピソードのほうが相手もツッコめるし、そこから話題が広がっていくこともあります。

面談や一般的な会話の場合は、基本的にはオチはいりません。ディテールを細かくすることで、トーク力が磨かれます。

実際、アイドルも芸人も、**売れている人はみんな「エピソードトーク」がうまい**ですよね。

人生は目立ってナンボ！

少しくらい怒られても気にしない！

「主張しない人」＝「そこにいない人」！

アイドルになりたいなら、このくらいのメンタルが必要です。

怒られるくらい目立たないとパフォーマンスにも反映されないし、ただのいい子でいるとパフォーマンス自体も謙虚になってしまいます。

つんく♂
からの
アドバイス
▼

「エピソードトーク」で、魅力を引き出す

プロデュースするグループが4つも5つもになってきたころは、メン

バーたちと夕食でも食べながら雑談なんていう時間も余裕もなくなってきました。

彼女たちがレコーディングの合間に見せる強力な個性に気づいていたとしても、それをファンのみなさんに届けるのはなかなか難しいものです。

そんなときに重要なのは、ライブやコンサートでのＭＣコーナーでどんなエピソードトークができるかです。

普通に「最近何か面白いことはありましたか？」という質問をしても、彼女たちから面白エピソードが出てくるとは限りません。

なので、「エピソードを引き出す質問」が大事になってきます。

「最近学校で何が流行ってるの？」

「最近つくった料理は？」

「人生でいちばんのドジは？」

「飼っているペットの特徴は？」

などなど具体的な質問をし、さらに、さんまさんじゃないけど「それで それで？」と細かい内容を引き出していきます。

僕やスタッフが大爆笑したり、「へー」と感心したり、「嘘やろ！」とりアクションしたりすることで、彼女たちも話すことに慣れていきます。

そして「その話を整理して、こういう順番で話してみて」などとアドバイスをして、同じように質問をしていきます。それを何度か繰り返します。

そうすることで、自分にとっては当たり前の普通の話だったものが、面白いエピソードとして仕上がっていくわけです。

コンサートのMCコーナーで、MCから「そういえばペットを飼ってるんだよね。どんなペットなの？」というフリさえあれば、個性がよく伝わる話ができるようになり、魅力に気づいてもらえるようになるわけです。

そこまでの成功体験ができれば、今度は鉄板ネタとして、「最近何があったの？」というざっくりした質問でも「じつはペットを飼ってまして～」から始まって、個性を出せるトークまでもっていけるようになります。

エピソードトークから「なんかええやつやん！」「そういうドジする子なんだ～」みたいな人間味が伝わると、そのメンバーを応援しよう！という気持ちになって、ファンが増えていくものなんです。

「エピソードトーク」がうまい人は、いつの間にか場の中心になる

これは、アイドル以外の普通の人にも当てはまります。

「エピソードトーク」がうまい人は、いつの間にか場の中心になるし、人とすぐに仲良くなれます。

また、会社でも、多少ミスしても挑戦する人、多少的外れでもどんどん発言する人のほうが伸びるし、目立つから抜擢されやすいはずです。

コツは**「間違っていたらどうしよう」「失敗したらどうしよう」なんて思わない**こと。

失敗して「違うやん!」って総ツッコミをもらったほうがおいしい。

それくらいのメンタルでいきましょう!

つんく♂
からの
アドバイス

アメリカでは、主張しない人は「いない人」と同じ

僕はアメリカに住んでいるから、「黙っていたら損をする」と実感しています。

待っているだけでは順番なんて回ってこないし、手を挙げないと権利はもらえません。日本のように向こうから「あなたはどうしますか?」なんて聞いてはくれません。

小学生だって、自己主張して自分の存在や意見を伝えることを学んでいます。

アメリカの場合、主張しない人は「いない人」あるいは「賛同している人」、そして「その問題について無言の反対をしている人」など、いろいろな立場が考えられますが、日本のように「謙虚な人」「自分の番を待っている人」と思われないことは確かです。

日本人の美徳とする「遠慮」や「謙虚」は、どうやら伝わらないようです。

自分の意見やしたいことが決まっている人は、しっかり自分の主義主張をアピールしないと順番が回ってこないことを覚えておいてくださいね！

ルール43

どんぐりの背比べからの「勝ち方」は「アイドルオーディション」に学ぶ

最終面接で勝つためには、2つの条件がある

ルール41で「個性が大事」という話をしましたが、ここではまた、バランス感覚のお話をしますね。

僕はこれまで、アイドルをはじめ、たくさんのオーディションを行ってきました。**どんな人が落ちて、どんな人が残るのか。**

これはルックスや歌唱、ダンスの能力だけではかれません。**オーディションで勝てる人の特徴**を知ることは、セルフプロデュースの大きなヒントになるはずです。

では、僕がオーディションで重要視するポイントを紹介していきましょう。

アイドルオーディションに必須の3つの能力

まず、必須条件が3つあります。

- **清潔感**
- **常識力**
- **ベースとなる能力**

見た目でいちばん大切なのは、やはり**「清潔感」**に尽きます。

清潔感という意味では、応募写真もメイク盛り盛りはNG。

その人の素顔がわかるような、自然体の写真がベストです。自然体のほうが、**「嘘がない」「何も隠していない」といった印象をもたれる**ものです。

そして、話し方や態度から見る**「常識力」**です。

勉強ができるかどうかではなく、**その子の考え方、モラルなど、面接時の質問の答えなどから感じ取る**わけです。

つんく♂
からのアドバイス
▼

質問の答えから「人となり」「立ち位置」が見える

未成年者の多いアイドルオーディション。

「今日はどうやって起きたの？」

「朝ごはん、何食べた？」

「その服はどうやって選んだの？」

といった雑談のような質問からも、「常識力」が垣間見えます。

「親に起こしてもらったのか、自力で起きたのか」「朝ごはんはきちんと食べたのか」「服は親が用意してくれたのか、自分で選んだのか」など。

ただ、どちらが正しいというわけでもなく、「遅刻しそうになって、予定じゃなかったスニーカーで来てしまいました」など、エピソードとして話せるかも大切です。

また、両親やきょうだい、クラスメイトなどの話で、人となりがつかめたり、今後の立ち位置が見えてきたりもします。


3つめの「ベースとなる能力」はやはり必要です。

サーカスのメンバー募集なら優れた身体能力が、タクシーの運転手なら二種免許が必要なように、アイドルにも歌、ダンス、演技といったベースの能力は必要です。

ただし、人並み外れた能力のある子はひと握りなので、あとはどんぐりの背比べであることが多いんです。

やはり、年齢や経験を考慮した「伸びしろ」を見ることが多くなります。

合否を決める「2つの能力」

「清潔感」「常識力」「ベースとなる能力」は、必須だと考えておいてほしいのです。

ここをクリアできる子は、たくさんいます。

そのうえで、**合否を分ける決め手が2つ**あります。

ひとつめは**「情熱量」**です。

僕はこれまで、まったく経験のない子もたくさん合格させてきました。

そのときの基準は**「情熱量」**でした。

グループの中で喜びを分かち合ったり、芸能界の中でよきライバル関係を維持しながら、もまれ戦っていくことができるタイプなのか。

そういう熱量を判断していたように思います。実際、**情熱があれば、加入後もたいていのことはクリアしていける**からです。

「絶対に有名になりたい！」というような覚悟も必要です。言いかえれば**「野望」**というやつかもしれません。

何かを成し遂げるには、「熱い情熱」が必要です。

多少ウザくても、スベってもいいんです。

これは、企業の面接でも同様です。

「この会社に入りたい」「入社したら〇〇がしたい」という熱い気持ちがあれば、多少のハンデは跳ね返せるのではないでしょうか（もちろん、最低限空気は読まなければいけませんが）。

つんく♂
からの
アドバイス

面接で「トーク力」を発揮するには

面接やオーディションでは、どうしても「トーク力」のある人が強いです。

何度も言いますが、具体的で印象に残るエピソードが話せることは本当に強みになります。

「そんなの無理」という人は、とにかく訓練あるのみ！

テレビやYouTubeなどで芸人さんやタレントさんが、「そういえばこのあいだ……」なんて言葉をきっかけに、いま思いついたようなトークで爆笑をとる場面をよく見かけますよね。

たいていの場合はそこにたどり着くまでに、飲み屋さんや仲間で集まったとき、ラジオや雑誌などほかのメディア、楽屋裏の雑談などでさんざん話して、盛れるところは盛って、話をスマートにして、いいタイミングでオチがくるように磨かれたエピソードであることが多いと思います。

それをあたかも「いまはじめて話しています！」という顔で話せるのがプロです。

素人がそこまですべきかは自己判断ですが、トーク力で他人を惹きつけるには、自分のエピソードを紙に書いて（パソコンでもスマホでもOK）、丸暗記して、誰かで試して、受けたところ、話が間延びするところを確認して、どんどんいいエピソードトークにまとめ上げていくという作業を徹底することです。そうすると「あいつはおもろい」「あの子は自分をしっかりわかってる」というような高評価につながっていくと思います。

そういう完成したエピソードを、プロなら20や30（これでも少ないかもしれませんが）、普通の人なら4つか5つもあれば、たいていの場面は乗り越えられると思います。

「紙に起こすなんて面倒くさい。ましてや丸暗記なんて……」と思うかもしれませんが、そうなんです。この面倒を乗り越えてこそ、ごぼう抜きのチャンスにつながるのです。

「柔軟性（聞く耳）」があるか

2つめは、**「柔軟性（聞く耳）」**です。

これは意外に大切なポイントです。

急に振られた質問や課題に対して、臨機応変に答えられるかをチェックします。

柔軟性という意味で、**「聞く耳」**は大事です。

面接中には、面接官が長めのトークをしたり、ちょっとしたアドバイスをする場面もあります。

そのとき、きちんと話を最後まで聞いて、**「へ〜、すごいですね」「やってみます！」「もっと教えてください」「そんなこと知っています」**と言える子は**「◎」**。**「私が知りたいのは、それじゃないです」みたいに、押し返すような態度をとる子は「×」**。

世間の一般的なおじさんは、「僕の高校生のころはね……」「昭和のころはこんなのが流行ってさあ……」みたいに、長ーい話を始めてしまうこともあります。

そんなときも、うなずきながらじっくり話を聞いてあげてください。

つまらないと思っても、**「何かヒントを得てやろう！」くらいの柔軟性**で対応すれば、面接結果は大いに変わってくるでしょう。

さて、**「清潔感」「常識力」「ベースとなる能力」**という3つの基本に加えて、**「情熱量」「柔軟性（聞く耳）」**の2つが重要だという話、おわかりいただけたと思います。

会社の面接でもアルバイトの面接でも使えるので、覚えておいてくださいね。

ルール44

「面倒なことはすべて丸抱えする」が、自分の存在感を強め、人から信頼される近道

仕切られるより、自分からどんどん仕切ってしまおう

セルフプロデュースというのは、広く自分を周知させるだけではありません。

会社、サークル、友人関係などにおいて、**自分の存在感を強めていく**ことも重要です。

☑ 面倒なことを「丸抱え」するくらいの度量をもつ

そのためには、**まわりの人からの信頼**が欠かせません。
人の信頼を得るためには、「やさしくする」とか「声をかける」だけではダメ。

いちばん手っ取り早く、効果的なのは、**「面倒なことを丸抱えする」**ことだと、僕は思います。

小中学生時代でいえば、**「俺がうさぎ小屋の掃除しておくから、みんな遊んでいていいで～」**みたいな感覚です。

誰もがうさぎをかわいがりたいけど、掃除は嫌いですよね。そこを逆手にとって、率先して掃除をすれば、先生にも一目置かれて「掃除を頑張ったから、うさぎを抱っこしていいぞ」みたいなご褒美があるかもしれません（笑）。

大人なら、**仕事の細々とした雑用に対して「はい、やります」と自ら手を挙げる。**

そのときのポイントは**「自分ですべて抱える」**ことです。

一部を手伝うとか、何割かを負担するのではあまり意味がありません。まずは自分が率先して全面的に背負ってしまうわけです。

そうすれば、**その仕事の中心人物は常にあなた**になります。

「困ったことは○○さんに聞けばいい」「○○さんに教えてもらおう」となり、社内や仲間内で頼られ、存在感が増していきます。

「仕切り上手」になれれば、完璧

ひとりではこなせない仕事量なら、まずは自分で抱えてから、**「ちょっとここだけ手伝ってくれる？」「分担お願いね」と人に振ればいい**のです。

つまり、**その場を「仕切る」**わけです。

いわゆる**「仕切り上手」になれれば、完璧**です。

たとえば、「先輩の送別会をします！」という場合は、**自分が幹事、仕切り役となってやるべきことをリストアップします**。日程決め、参加者の調整、お店の選定（主役の食べ物の好みをリサーチ）と予約、プレゼントの準備、当日の挨拶依頼……。

そのうえで、誰かに振れる仕事を書き出し、**「プレゼント選びはセンスのいい○○さんが適任かも」「二次会は□□さんの知り合いの店に頼んでもらおう」**と振り分けます。

頼まれたほうも**得意分野なら労力は少ない**し、「このプレゼントは○○さんが選んでくれたんです」「この店は□□さんの先輩が店長をしていて、なんとワインを1本サービスしてもらえました！」などと、当日、**手伝ってくれた彼らに花をもたせる**こともできます。

うまく仕事を割り振ることで、物事が成功へと近づき、手伝ってくれた人との絆も深まり、自分の信用も高まるという連鎖反応が生まれるのです。

これはすべてを仕切ったからこそ、得ることのできる信用だと思います。

「面倒なことを丸抱えする」というキーワードを忘れず、明日から**「人の嫌がる仕事」「面倒な仕事」**はないか、探してみてはいかがでしょうか？

ルール45

成功したときほど、「信頼できる誰か」の意見に耳を傾ける

セルフプロデュースの「落とし穴」にハマらないために

前述のように、いまはYouTubeやInstagram、TikTokなどを使って、

自分を売り出せる時代です。

以前は自分の作品を売り出すためにさまざまな企業や人との関わりが必要でしたが、**「自分ひとりで」何でもできてしまう**わけです。


でも、そんな時代だからこそ、みなさんにお伝えしたいことがあります。

☑ 売れれば売れるほど、まわりは何も言わなくなる

シャ乱Qも、売れていないころはレコード会社や事務所のマネージャーから「こんなのやってみない?」「こうしたほうがよくない?」といろいろな提案をしてもらっていました。ありがたかったけど、正直、やらされ感がありました。

でも、**売れてからはアイデアを出すのも自分たちになり、好きなことを好きなようにやれる**ようになりました。

やらされ感がなくなって、楽しかったです。

ただ、最初のうちはスタッフからの意見も聞こえてくるので、ちょうどいい落としどころを探ったりもしましたが、**本当に売れてくると、スタッフもあれこれ言いにくく**

なってくるんです。

僕たちにも「全部自分たちで決めなければ！」という、変な義務感が生まれました。

大ヒット後の僕らシャ乱Qは、いつの間にか「ホスト系バンド」「チャラい系バンド」などと呼ばれるようになり、**逆に自分たちもそのイメージをどうやって保とうか**と、音楽とは関係ないことに頭を使っていた記憶も残っています。いまでは笑い話ですけどね。

なので、そのイメージを保つために、見た目もどんどんエスカレートしていったように思います。

僕の眉毛は細くなるし、金髪はツンツン立ってくるし、はたけはロン毛になるし、たいせいは着ぐるみを着はじめるし……（覚えている人、いますよね）。

それでもテレビ局では「いいね～」「面白いね～」って言われます。番組でも、こっちが強調してきた部分を映像で抜いてくれます。

見た目が派手になると同時に、僕らは「悲しい系」「孤独系」の曲に突き進んでいきました。「ズルい女」「いいわけ」「シングルベッド」など、みなさんが思いつく僕らのヒット曲って、切なくて鬱々としたものが多いですよね。

僕らは、それをあえてやっていたわけです。

「これこそ、セルフプロデュースだぜ！」ってな具合でした。

でも、**だんだん世間も自分も、飽きてくる**んです。

派手な見た目にも、「悲しい系」「孤独系」の曲に対しても、お腹いっぱいになってしまうわけです。

一歩引いて、自分を俯瞰で見る力は、本当に大切

「あのころ、誰かがアドバイスをくれていたらな〜」と考えることがあります。

たとえば「ズルい女」あたりのとき、**「売れているうちに、万人受けする歌をつくっておけや〜。結婚式で友人代表が数名で歌うような曲とか、入学式や卒業式で長く歌われるような応援系の歌とかね〜」**といったアドバイスです。

でも、僕らは「いまのファンを裏切れない。中途半端な『応援歌』は歌えない！」って勝手に決めつけていました。

「方向転換なんてできない」という意地みたいなものがあったんです。

その後、ウルフルズの「バンザイ〜好きでよかった〜」の「バンザ〜イ」を聞いたとき、「しまった〜！」「やられた〜」って感じでした。

一歩引いて、自分を俯瞰で見る力は、本当に大切です。

あのころの僕らには、それが欠けていました。

反省がモーニング娘。の成功につながった

その後モーニング娘。が始まったときに、この反省を活かしました。

曲の振り幅、衣装の方向、MVのつくり方など、攻めるときは攻めるけど、時には180度の転換も厭わず、マイナー調の曲やメジャー調の曲をうまく混ぜていく。

結婚式で歌ってもらえるような曲も「ハッピーサマーウェディング」で叶えることができました。

モーニング娘。に関しては、**自分自身ではないので、いつも俯瞰で物事を見られるのもよかった**のでしょう。

長くなりましたが、大切なのは次の2つです。

・他人（信頼できる人）の意見をきちんと聞く
・時には俯瞰的に、自分を見てみる

たとえばYouTubeなどのコメントは、よく読んで返信するもよし、ときには**コメントの意見をたくさん拾い上げて反映した結果、仕上げる曲があってもいい**と僕は思います。それがいまのSNS時代の楽しみ方のひとつだと考えているからです。

ただし自分の作品をクリエイトすることに特化した場合は、**コメント欄に引っ張られない強い意志をもって、自分を信じて仕上げていく**のが僕はいいと思います。何度も言いますが、迷ったり悩んだりするより、一旦仕上げて筆を置き、次の作品に取りかかるべきだと思います。

信頼できる先輩や師匠を見つけよう

長くプロデューサーをやってきた僕だから、思います。

困ったとき、迷ったときに的確に指示をくれる先輩や師匠のような人がいるかいないかで、結果が大きく変わります。

クリエイターだけでなく、イベントを企画するビジネスパーソンでも、コンパを開催する幹事でも同じこと。

最初のうちはウケるけど、マンネリ化する。もしくは企画が暴走していく。

こういうことが起こりがちなので、**的確な指示やアドバイスを出してくれる人を、ひとりでも見つけておく**ことをおすすめします。

いまの僕には、困ったとき、暴走しそうなときに、話を聞いてくれる先輩がちゃんといます。

やっぱり、大切なのは信頼できる人。ただし、多くは必要ありません。1人か2人、もしくは立場の違う人をもう1人という感じで、むしろ少ないほうがいいと思います。

みなさんも、ぜひそういう人を見つけてください。そして、自分も誰かのそういう人になれるよう、精進しましょう。

僕もまだまだ、頑張ります！

この章のまとめ

- ☑ 常に自分を磨き、「人生の目標と計画」を立てる
- ☑ 自分を印象付けるためには、ニッチな趣味や得意技をもつ
- ☑ 周囲から信頼されるには、「嫌な仕事を丸抱え」するくらいの度量をもつ
- ☑ 成功したときほど、人のアドバイスに耳を傾けるようにする

あとがき

誰にだって、チャンスや才能はきっとある

本書は、僕がｎｏｔｅ「つんく♂のプロデューサー視点。」(https://note.tsunku.net/) で綴ってきたことを、大幅に再編集したうえで新たに書き下ろしも加え、一冊にまとめたものです。

振り返れば、ｎｏｔｅを書きはじめたのは２０２０年10月ごろ。
新型コロナウイルス感染症が世界中で猛威を振るいはじめた年でした。
生活様式が一変し、いろいろな人がいろいろな壁にぶつかりました。
うまくいかないことも多く、たくさんの人が悩んでいたと思います。

人生がなんとなくうまくいかないときは、

「どうして自分にだけチャンスが訪れないのか」

「やはり自分には才能がないんじゃないか」

と考えてしまうものです。


あれ？　もしかしたらみんなが同じように感じているのでは？（笑）

世の中に、才能の芽をもっている人はたくさんいます。

でも、多くの人はそこに気づいていません。

「どうせ自分なんて」と、才能の芽を育てることをしていない。

だから、うまくいかない。

僕の若いころもそうだったから、よくわかるんです。


本書で書いてきたように、いきなり「天才」を目指すのではなく、「凡人」から始めて、数をこなして経験値を積んでほしいのです。そして本当の「プロ」になれれば、天才を

凌駕することも可能です。

何も「ひらすら努力せよ！」というわけではありません。**あきらめたり、悲観したりせず、一歩一歩道をつくって、這い上がってほしい**と思うわけです。

こんなメッセージを、この一冊に詰め込んだつもりです。

もちろん、これは僕が自分自身に言い聞かせる意味もあります。我が子らがいつか読んでくれるだろうとも思っています。

僕はコロナ禍にｎｏｔｅを書きつづけていましたが、コロナ前と後では、いろいろな変化がありましたね。

リアルなコンサートや舞台のあり方も変わったし、ＳＮＳの存在意義も変わりました。ＡＩもずいぶん進化し、ネット上でのエンタメの価値観や親近感も、大きく変わったように思います。

みなさんの目に映る世間の景色も、変わったのではないでしょうか。

僕も過去に書いてきた文章を読み返して、「たった数年なのに、こんなに変わったんだ

〜」と思うことがたくさんありました。

「時代の流れって本当に速いなあ」と痛感します。

とはいえ、石の上にも3年。少しずつ書き綴ってきた文章が、こうやって一冊の本となったこと、とても光栄に思っています。

僕がアーティストとして感じてきたことやプロデューサーとしての経験を、少しでもみなさんの役に立てるよう言語化できたことは、僕にとって宝です。

note「つんく♂のプロデューサー視点。」読者の皆様、そして言語化のきっかけをくださったオンラインサロン「みんなのつんく♂エンタメTOWN」メンバーの皆様、これまでに対談をしてくださったゲストの皆様、編集に携わってくださった皆様、関係者・スタッフの皆様、そして、いつも応援してくださるファンの皆様。

本書の完成に至るまでの多大なるご協力、心より感謝いたします。

今後も、日々感じたこと、これまでに得た経験や知識を言語化していくことが、僕の人生の義務だと思って書きつづけたいと思っていますので、引き続き応援くださると幸いです。

最後まで読んでいただき、ありがとうございます。

感想など**「#凡人が天才に勝つ方法」**でSNSに投稿していただけたらうれしいです。

よろしくお願いいたします！

2023年8月

つんく♂

【著者紹介】

つんく♂（つんく）

1968年10月29日生まれ、大阪府出身。音楽家、TNX株式会社代表取締役。

1988年にシャ乱Qを結成、1992年にメジャーデビューし「シングルベッド」「ズルい女」など４曲のミリオンセラーを記録。

1997年より日本を代表するヴォーカルユニット「モーニング娘。」のプロデュースを開始し、1999年には「LOVEマシーン」が176万枚以上のセールスを記録。

「ハロー！プロジェクト」をはじめ数々のアーティストのプロデュースやサウンドプロデュースを手がけ、現在JASRAC（日本音楽著作権協会）登録楽曲数は2000曲を超える。

2015年、喉頭がんにより喉頭全摘手術を受けたことを公表。2020年にメディアプラットフォームnoteにてコラムをスタートする。2021年には坂本龍一氏との共同制作で小児がん治療支援チャリティーライヴのテーマソング「My Hero ～奇跡の唄～」を発表。現在はハワイに拠点を置き、国民的エンターテインメントプロデューサーとして幅広く活躍中。

著書に『一番になる人』（サンマーク出版）、『だから、生きる。』（新潮社）などがある。


日本音楽著作権協会（出）許諾第2304655-301号

凡人が天才に勝つ方法
自分の中の「眠れる才能」を見つけ、劇的に伸ばす45の黄金ルール

2023年10月3日発行

著　者――つんく♂
発行者――田北浩章
発行所――東洋経済新報社
〒103-8345　東京都中央区日本橋本石町 1-2-1
電話＝東洋経済コールセンター　03(6386)1040
https://toyokeizai.net/

装　丁……………井上新八
写　真……………SHIN ISHIKAWA（Sketch）
イラスト……………みずしな孝之
D T P……………アイランドコレクション
印　刷……………ベクトル印刷
製　本……………ナショナル製本
noteマガジン編集……小沢あや（ピース株式会社）
進行協力…………梅本のぶやす（TNX 株式会社）／奥崇晃
編集協力…………山崎潤子／佐藤大介
編集アシスト………佐藤真由美
校　正……………加藤義廣／新井円
プロモーション………細矢萌
編集担当…………中里有吾／田中順子

Printed in Japan　ISBN 978-4-492-04729-3